キタサンブラック伝説

王道を駆け抜けたみんなの愛馬

小川隆行＋ウマフリ

星海社

266
SEIKAISHA
SHINSHO

プロローグ

「汝、自身を知れ」

古代ギリシアの都市、デルフォイにあったアポロン神殿の入口には、そんな金言が刻まれていたとされる。文学や哲学、数学、建築、あるいは美術といったあらゆる文化が爛熟し、合理性と人間性を重んじた古代ギリシアの地においても、「己を知ること」の重要さが説かれていたことは注目に値する。

己を、知ること。それは簡単なように見えて、実際にはこの上なく困難なことである。それゆえに、人が生きることとは、自分自身を探す旅路とも言える。

この私には、私自身の意志で得たものと、自分の意志とは全く関係なく与えられたものの二つが同居している。後者は、身体や容姿、生まれ育った環境、あるいは家族…そういったものが挙げられるだろうか。人が何がしかの生きづらさを感じるとき、その「自分の意志とは全く関係のないもの」を、受け入れ難いと感じていることが多い。その受け入れ難いものとの葛藤の中で、人は詩、音楽、踊り、歌といったものの中に答えを探し、自分を知ろうとする。競馬もまた、そうしたものの一部なのかもしれない。

1頭のサラブレッドの走りに、私たちは自分自身を映し出し、そして不確かな未来に向かって駆ける姿を応援する。血統、馬体、戦績、持ち時計、コース・馬場適性、騎手…そうした一つ一つのファクターに、私たちは自分自身の持つ何がしかの要素を映し出し、どれを信じるかに頭を悩ませる。寒風吹きすさぶダートを、新緑に映えるターフを、降りしきる雨の中を、傾いた西日の下を疾駆しているのは、「私たち」自身なのだ。だからこそ、1頭のサラブレッドの走りは、それを観る者の生に訴えかけるものがある。そしてその走りの中に、私たちは自分自身のかけらを見る。

そういった意味で、キタサンブラックはまさに、「私たち」のサラブレッドだった。それは、平成の終わりを生きた「私たち」に与えられた、偉大な物語だった。

菊花賞をはじめとするGⅠを7勝。2年続けて、年度代表馬と最優秀4歳以上牡馬を受賞。その走りは、間違いなく競馬史に刻まれる偉大なものだった。それと同時に、キタサンブラックが積み重ねた20の走り、そして12の勝利には、実に味わい深いドラマがあり、それゆえに「私たち」は自らの生をその走りに映し出してやまなかった。

昭和の終わりには、オグリキャップがいた。マイナー血統、地方出身、芦毛というアイコンを持った怪物は、中央のライバルたちと激闘を繰り広げ、稀代のアイドルホースとなった。オグリキャップは、まぎれもなく「私たち」のサラブレッドだったと言える。

だが、そうしたオグリキャップが紡いだような物語は、いつしか昭和の遺物になりつつあった。デビュー前から評判になるような、一握りの大牧場で生まれた超良血馬たちが、大レースの掲示板を寡占するのが当たり前になっていった。無論、それは優勝劣敗の結果でしかない。そんな時勢において、キタサンブラックが紡いだ物語は、明らかに異質だった。

2015年当時、父ブラックタイド、母父サクラバクシンオーの年明けデビューの牡馬と聞いて、いったいどれだけの人が、シンボリルドルフやディープインパクトらに比肩する、GI7勝を挙げる名馬になることを想像しただろう。

後藤浩輝騎手と臨んだ新馬戦では、3番人気。勝ち上がった2戦目の条件戦でも、9番人気。3連勝で重賞初勝利を飾ったスプリングSにおいても、5番人気。のちに2年続けて年度代表馬の栄誉を受ける優駿とは、およそ思えない評価だった。

北村宏司騎手の手綱で、初めてのGI勝利を飾った菊花賞でさえ、5番人気。「前走のセントライト記念と菊花賞の相性が悪い」「母父サクラバクシンオーの血統では長い距離は厳しい」「ダービーも大敗したではないか」…菊花賞での単勝13・4倍には、そんな視線が反映されていた。それは菊花賞を勝った後も変わらず、キタサンブラックがようやく1番人気に支持されたのは、デビューから実に12戦目の京都大賞典でのことだった。

しかし、他人からの評価は、自分の本質とはあまり関係がない。自分自身を知ることとは、自分に与えられたものを正確に知ることであり、それを受け入れ、そして愛することだ。

陣営はいつも、キタサンブラックの才能を、可能性を、光を見つめていた。だからこそ、キタサンブラックの走りには、暗さや悲壮感を感じることが少なかったのかもしれない。その走りにはいつも、観る者を惹きつける光が感じられた。それはキタサンブラックが、己の血を、ひいては己自身を愛していたからなのだろうか。なればこそ、「私たち」はその走りを応援し、愛することで、自分自身を愛していたようにも感じる。

キタサンブラックの旅路の終わりとなったのは、17年の有馬記念だった。

デルフォイのアポロン神殿では、そこで与えられる神託を求めて、多くのギリシア人が引きも切らず訪れたとされる。きっと皆、神託を受けて自分自身を、そして不確かな未来を知りたかったのだろう。

年の暮れにやってくる有馬記念もまた、自分と向き合い、自分を知る時間なのかもしれない。結局のところ、私たちの多くが、自分自身のことを知っているようで、知らない。だからこそ、自分の信じるものに懸けることで、自分を知ろうとする。

ラストラン、有馬記念。キタサンブラックは最も多くの「私たち」から支持を受け、1番人気を背負った。絶好の2番枠から出たキタサンブラックは、武豊騎手に促されてハナを切った。冬至を過ぎた頃の柔らかな日差しを浴びながら、15頭を引き連れて先頭でスタンド前を駆けていくキタサンブラック。

それまでの19戦を大過なく走り抜けた頑健な馬体、そして先行してからの粘り強さは、父ブラックタイドから与えられた恩恵だろうか。中長距離での高い追走力を与えたのは、母父サクラバクシンオー譲りの豊かなスピードか。無尽蔵のスタミナは、重ねたリファールの血が授けた資質か。

それらはすべて、キタサンブラックに意図して与えられたものではない。しかし、そこには無駄なものは何一つなかった。そして、キタサンブラックの走りは、ただその与えられたものすべてを受け入れ、愛しているように見えた。

汝、自身を知れ。その血を、知れ。

その血を、愛せ。

直線で真一文字に伸びるキタサンブラックは、「私たち」にそう語りかけているようだった。

本書では、そんな「私たち」のキタサンブラックの旅路を、あらためて振り返りたい。

あなたは、その旅路の中にどんな光を見るのだろうか。その光は、やはり、あなた自身の光そのものなのだろう。


（大嵜直人）

目次

第二部　同時代ライバルと一族の名馬たち　84

第三部 キタサンブラックを語る 122

第四部 キタサンブラックの記憶 146

写真/フォトチェスナット
本書中の表記は2023年6月現在のものです。

第一部 キタサンブラックかく戦えり

大阪杯に続いて挑んだ春の天皇賞も２番手からレースを進め、前年に続き連覇達成。

世紀の大一番

常識も血統論もすべて吹き飛ばした！
ひたむきにクラシック＆古馬王道を駆け抜けた
みんなの愛馬の走りに希望をもらった

世紀の大一番 1

第76回 2015年10月25日

菊花賞GI

5番人気の伏兵がGI初勝利 データや常識を覆した3000m

個人的な話で恐縮だが、筆者はこれまで20年以上、競馬雑誌誌上でGIレースの本命を決めてきた。簡単に決められるレースもあれば、どの馬から入ればいいか迷うケースもしばしばある。

2015年菊花賞の2週間前、発表された出走想定馬を目にして、どの馬から入ればいいか見当がつかなかった。皐月賞とダービーを制した二冠馬ドゥラメンテが故障により不在。絶対的中心となる軸馬がおらず、一転して混沌となった。

上位人気は神戸新聞杯を制した上がり馬リアファアル、皐月賞2着・ダービー4着のリアルスティール、ダービー2着のサトノラーゼンの3頭だったが、どの馬も信頼度では今一つ。人気の盲点となりそうな馬を探すべく、キタサンブラックの実績を見ると、買いやすい材料がいくつかあった。

京都コースは初出走だが、この馬は東京と中山の両レースで勝利を収めている。回り方（左右）と直線の長さが異なる両方の競馬場で勝っている馬に、コース適性はそれほど求めなくていい。

状態面は◎。前走セントライト記念を勝って挑めるのは理想的だ。同レースと菊花賞の相性は神戸新聞杯よりも下なので、神戸新聞杯1・2着のリアファルとリアルスティールよりは下かも…とイメージした。レース前のリアルスティールとキタサンブラックの対戦成績はリアルスティールの2勝1敗である。

さらに、未経験の地元レースがどうなるかをイメージしてみた。競走馬の神経は繊細であり、初めての経験をすると気持ちが昂《たか》ぶり競走能力を発揮できないケースがよくある。そこで関係者が語る気性面を読み返すと、管理する清水久詞調教師は「落ち着きがあって余計なことをしない」、調教パートナーの黒岩悠騎手も「オンとオフがはっきりしていてメリハリの付け方が上手」と語っており、「ここは気にしなくていい」と感じた。

しかし、ネックとなる材料が二つあった。一つは馬体重。データが残っている29年間（86～14年）の3着以内馬87頭中69頭が400キロ台である。セントライト記念でキタサンブラックは532キロだったが、この体重で勝った馬など皆無。予想的には超のつくマイナス材料だった。

もう一つは血統面。血統とはスタミナが要求される長距離ほど重要となる、と私的に感じており、菊花賞と春の天皇賞では父と母系を1頭ずつチェックする。

父ブラックタイドはそれまで3頭の重賞ウイナーを輩出していたが、勝ち鞍の最長は1800m。距離面で万能型種牡馬であるディープインパクトの全兄だけに大丈夫かもしれないが、ブラックタイド自身は2000m以上の重賞レースで［0・0・1・7］。しかも母父は産駒の重賞勝ちがほぼ1200mの「短距離型種牡馬」サクラバクシンオー。産駒の平地GⅠ勝利最長は1600m（朝日杯FSとNHKマイルCを勝ったグランプリボス）である。「父に長距離適性があっても母系が大きく足を引っ張る」＝大きなマイナスファクターと感じた。ダービーで2番手を走りながら直線でズルズルと後退、結果的に14着と大敗していたのも、距離的に持たなかったからでは…と感じた。

結果、◎は皐月賞2着リアルスティール。皐月賞で同馬に2馬身半離されたキタサンブラックは△と評価し「馬券はリアルの単勝勝負」と記した。

2週間後の本番で、それまでの2番手追走の先行策から一転、キタサンブラックは5番手につけた。前半1000m60秒2、次の1000mは64秒4。中盤でスローに流れた不利を感じたのか、後方数頭が坂越え手前で動くもキタサンブラックは微動だにしない。それが障壁となったのか、4コーナー手前では内の7〜8番手。「前が壁になった」と多くの騎手が敗因で語るような状況である。

しかし、鞍上の北村宏司騎手は慌てなかった。前の各馬が外を走る中、最内をキープしたままようやく追い始めた。前を走るミュゼエイリアンとリアファルの間の狭い箇所を突くと懸命にムチを振るった。まさに気迫の籠った追い出しで、外から猛追するリアルスティールをわずかに退けた。

勝ち時計3分03秒9、上がり3ハロン35秒4はそれまでの菊花賞と遜色ない数値だったが、前後半の数値を見て驚いた。前半600mと後半600mとも35秒4で、両者を足すと70秒8。三冠馬ディープインパクトとオルフェーヴルはともに72秒0である。名馬2頭よりも前を走ったにもかかわらず、スタミナをキープしてラストの豪脚を爆発させた。

道中のペースに差はあるにせよ、先行してこれだけの脚を使うとは…。「前半は馬が我慢してくれた」と勝利者インタビューで北村宏騎手が語ったコメントを聞き「騎手にとってかなり乗りやすい馬だ」と感じた。

馬に触れたことなどない一介の予想者が重視した馬体重や血統のデータなど無関係の、本当に力強い勝ち方だったが、このときはディープインパクトに肩を並べる馬になるなど微塵も感じなかった。

多くの人が持っていた「競馬の常識」を根本から覆した名馬キタサンブラック。同馬の器の大きさを感じるたび、私は何度も「競馬には答えがない」と思えてしまった。（小川隆行）

いつもの2番手からの競馬が一転、直線5番手からの差し切りでGⅠ初制覇を遂げた。

競馬の常識を覆した快勝劇

2000ｍの皐月賞3着後、2400ｍの日本ダービーを14着。前走で2200ｍのセントライト記念を勝つも「距離延長＝好材料」とは思われなかった。母系に短距離馬サクラバクシンオーの血が入っている。この血統背景がファンに「3000ｍは持たない」と思わせた。加えて京都コースは初出走。プラス要素の何倍もマイナスファクターが多い中、キタサンブラックは競馬の常識を覆す走りを見せ、自身のGⅠ初制覇を飾った。

キタサンブラック **世紀の大一番 1**

2015年10月25日

第76回 菊花賞GⅠ

京都　芝右　3000m　3歳オープン　晴　良

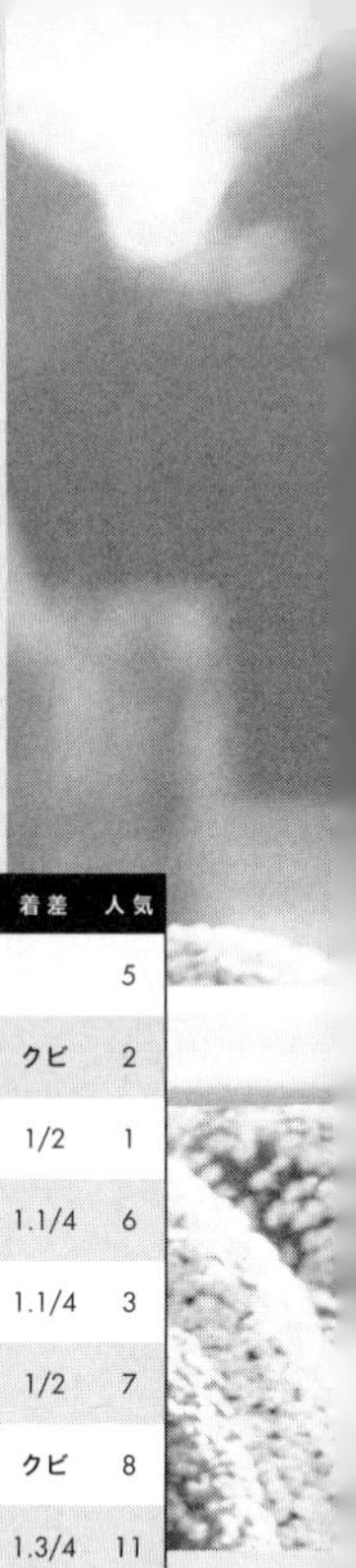

レース結果

着順	枠番	馬番	馬名	性齢	斤量	騎手	タイム	着差	人気
1	2	4	キタサンブラック	牡3	57	北村宏司	03:03.9		5
2	6	11	リアルスティール	牡3	57	福永祐一	03:03.9	クビ	2
3	8	17	リアファル	牡3	57	C・ルメール	03:04.0	1/2	1
4	2	3	タンタアレグリア	牡3	57	蛯名正義	03:04.2	1.1/4	6
5	1	2	サトノラーゼン	牡3	57	岩田康誠	03:04.4	1.1/4	3
6	3	5	ベルーフ	牡3	57	浜中俊	03:04.5	1/2	7
7	5	10	ブライトエンブレム	牡3	57	田辺裕信	03:04.5	クビ	8
8	4	8	ミュゼエイリアン	牡3	57	横山典弘	03:04.8	1.3/4	11
9	7	14	マッサビエル	牡3	57	戸崎圭太	03:04.8	クビ	10
10	7	15	ジュンツバサ	牡3	57	石橋脩	03:04.9	クビ	12
11	4	7	スティーグリッツ	牡3	57	内田博幸	03:05.1	1.1/2	4
12	5	9	アルバートドック	牡3	57	藤岡康太	03:05.3	3/4	13
13	8	16	タガノエスプレッソ	牡3	57	菱田裕二	03:05.3	アタマ	18
14	6	12	ワンダーアツレッタ	牡3	57	M・デムーロ	03:05.8	3	9
15	8	18	スピリッツミノル	牡3	57	酒井学	03:06.1	1.3/4	15
16	1	1	ミコラソン	牡3	57	武幸四郎	03:06.5	2.1/2	17
17	3	6	レッドソロモン	牡3	57	武豊	03:06.8	1.1/2	14
18	7	13	マサハヤドリーム	牡3	57	和田竜二	03:07.5	4	16

世紀の大一番2

第36回 2016年11月27日

ジャパンカップGI

したたかながらも痛快そのもの、頂上決戦で圧巻の完封劇

不思議なレースだった。狐に化かされたようだ。

先頭のキタサンブラックが自分のペースを刻んで逃げ切り勝ち。ならば先行勢も残すかと思いきや、どういうわけかこぞって伸びずに後ずさり、後ろからやって来た馬たちとごった返す。それを尻目にスイスイ伸びるキタサンブラック。先頭と後続がそれぞれ別の世界にいるかのよう。もちろん積極策に出た馬が格下だったわけでもない。

道中、何が起きていたのだろう。

開始前からスタンドの大歓声を全身に受ける一同。レースが始まるとおのおの冷静にポジションを探っていく。最内枠からスタートしたキタサンブラックは、ほとんど自然のなりゆきのように先頭に立った。

ここでキタサンブラックより先に行く手もあるだろう。自分が逃げることで先頭を惑わせるといったところ。だが先の京都大賞典、キタサンブラックは2番手からの競馬でも勝ち切

っている。必ずしも逃げにこだわる馬ではない。仮にここで先頭を奪い合う形になって不用意に体力を消耗しては、最後までもたない。府中には長い直線と急坂が待ち受けている。

かといって彼のペースで行かせては、まんまと逃げられるかもしれない。半年前、天皇賞（春）でキタサンブラックの単騎逃げを許してしまった。繰り返すわけにはいかない。

そこで先頭へと勇んで行ったのがワンアンドオンリー。2年前のダービー馬である。ところが最初のコーナーを曲がり終える頃には、何事もなかったかのようにスンナリ2番手に収まった。実はこの時、キタサンブラックはひっそりと加速していた。確かにコーナリングにかけての1ハロンは、その前の1ハロンより2秒も速く記録されていた。このまま飛ばすようであれば、巻き添えを喰うかもしれない。ならばいったんはキタサンブラックの先頭を許し、少し離れたところで窺うことにしたのだろう。

しかしこのままスローペースに落とされたら、後ろからでは差し届かない。積極策で勝負するのも手だ。それで3番手につけたのが前年の有馬記念覇者、ゴールドアクターである。そこにリアルスティールも並んでいく。この馬は折り合いが難しく、同年の安田記念でも道中で力み、大敗していた。ただ今のところ問題はなさそうだ。穏やかに追走できている。鞍上が世界的名手のR・ムーアというのも心強く、かつてはこの積極策でGIドバイターフを快勝したこともある。

一方、後方勢は何を思い描きながら駆けていただろう。天皇賞（春）でキタサンブラックに肉薄したカレンミロティックのように、まくりあげて迫る手もある。あの日のカレンミロティックはロングスパートを仕掛け、残り間もないところで先頭のキタサンブラックに並び、ついには頭一つ飛び出した。その直後、キタサンブラックがもうひと伸びして差し返した。カレンミロティックのように、最後に懸けるべきか。それでもキタサンブラックの余力が上回ってしまうものか。

先頭のキタサンブラックはその後もペースを上げるでもなく、また落とし過ぎるでもなく1000mを61秒7で通過した。2番手との差はおよそ2馬身。後続は消耗をきらってか、誰もやってこない。この日は昼過ぎから雨が続いていた。ただでさえ痛んだ最終週の馬場に、重く雨が染み入る。

このままではまんまと逃げられてしまう。間もなく向正面の終わりへと差し掛かる。脚を使うことにはなるが、少しでも差を埋めなくてはいけない。後続は3コーナーから4コーナーへかけて、前へ前へと先頭に詰め寄っていった。まだゴールまで1000m近くあるが、なし崩しにロングスパートを余儀なくされた。

一方のキタサンブラックはなおも悠然と自分のペースで走っている。最後の直線に差し掛かる。後続はここでもうひと踏ん張りする。

ところがちっとも差が縮まらない。

縮まるはずもないのだ。脚を溜める間もなかった一同に対し、直線に入ってようやく本腰を入れたキタサンブラック。残り400mに伸びる急坂を前に、後続は走りやすいところを狙って横に広がる。ひしめきあう彼らを背に、先頭は軽々スイスイ駆け上がる。坂を含む1ハロンで11秒2をマーク、キタサンブラックはこの日のトップスピードに乗っていた。

その後ろでは伸びあぐねる先行勢にかぶさるように、脚を溜めた馬たちが飛んでくる。とりわけサウンズオブアースの勢いはめざましいが、先頭にはまるで届かない。それどころかキタサンブラックはなおも突き放す。

結局、最後まで誰も迫ってこなかった。

日本最高峰のレース、誰もが勝ちたいはずだった。それでも動けなかった。すっかり封じ込められて、身動きが取れなくなった。ライバルたちの強みも力の使いどころも全部、キタサンブラックと武豊騎手の掌の上。理屈ではわかるものの決して容易なことではない。ジャパンCでの逃げ切り勝ちはタップダンスシチー以来13年ぶりで、キタサンブラックが登場するまで、過去2頭しか成し遂げていなかったのだ。

どこかしたたかながらも痛快そのもの、圧巻の完封劇。これもひとえに武騎手の確かな体内時計と勝負センス、それに応えるキタサンブラックの力量の賜物である。

（手塚瞳）

14着に敗れた日本ダービーと同コースで勝利。「苦戦必至」との予想を覆した。

半信半疑の1番人気も 2馬身半差快勝

菊花賞と春の天皇賞を制するも、有馬記念と宝塚記念＝春秋グランプリを連続3着。馬券圏内には入るものの勝ち切れず、GI2勝を挙げた長距離馬は1番人気ながら単勝3.8倍。秋初戦の京都大賞典を勝って挑んだジャパンCでも、ファンは「勝ち切れない」キタサンブラックの単勝購入を迷っていた。しかも舞台は過去に14着と惨敗した東京2400m。半信半疑のオッズを吹き飛ばす、2着馬に2馬身半差の快勝劇でGI3勝目を挙げた。

キタサンブラック **世紀の大一番 2**

2016年11月27日

第36回 ジャパンカップGⅠ

東京　芝左　2400m　3歳以上オープン　小雨　良

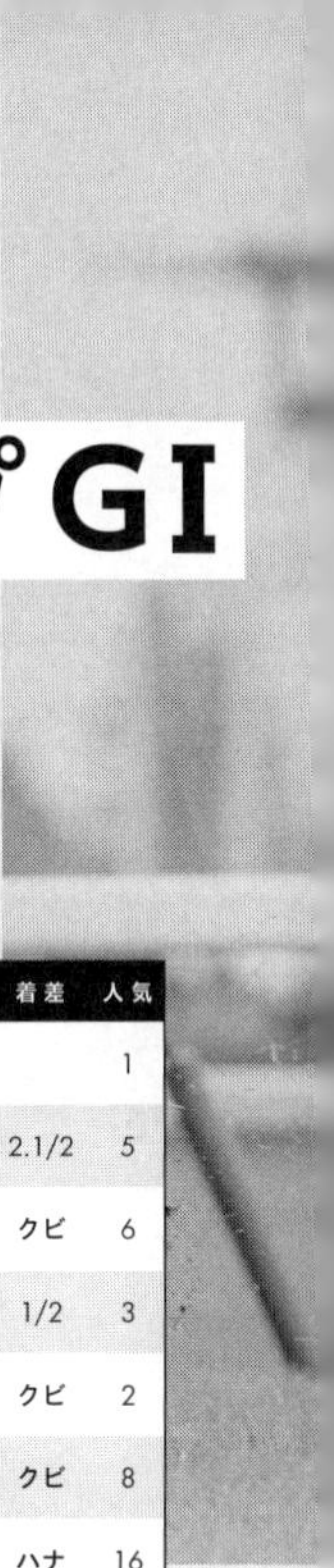

レース結果

着順	枠番	馬番	馬名	性齢	斤量	騎手	タイム	着差	人気
1	1	1	キタサンブラック	牡4	57	武豊	02:25.8		1
2	6	12	サウンズオブアース	牡5	57	M・デムーロ	02:26.2	2.1/2	5
3	8	17	シュヴァルグラン	牡4	57	福永祐一	02:26.3	クビ	6
4	2	3	ゴールドアクター	牡5	57	吉田隼人	02:26.4	1/2	3
5	8	16	リアルスティール	牡4	57	R・ムーア	02:26.4	クビ	2
6	7	14	レインボーライン	牡3	55	C・ルメール	02:26.4	クビ	8
7	3	5	イキートス	牡4	57	I・ファーガソン	02:26.4	ハナ	16
8	4	7	ワンアンドオンリー	牡5	57	田辺裕信	02:26.6	1	14
9	2	4	ルージュバック	牝4	55	戸崎圭太	02:26.8	1	7
10	3	6	ラストインパクト	牡6	57	川田将雅	02:26.9	3/4	13
11	5	10	トーセンバジル	牡4	57	内田博幸	02:26.9	クビ	12
12	8	15	ナイトフラワー	牝4	55	A・シュタルケ	02:26.9	アタマ	9
13	5	9	ディーマジェスティ	牡3	55	蛯名正義	02:27.1	3/4	4
14	4	8	イラプト	牡4	57	P・ブドー	02:27.1	クビ	10
15	7	13	ヒットザターゲット	牡8	57	小牧太	02:27.2	1/2	17
16	1	2	ビッシュ	牝3	53	幸英明	02:27.2	アタマ	11
17	6	11	フェイムゲーム	セ6	57	北村宏司	02:27.3	クビ	15

世紀の大一番
3

第155回　2017年4月30日

天皇賞・春GI

現役最強馬決定戦で勝敗を分けた キタサンの〝坂路3本乗り〟

メジロマックイーンVSトウカイテイオーの「世紀の対決」に沸いたあの日から四半世紀。キタサンブラックにとって、レース史上4頭目の連覇がかかる2017年の天皇賞（春）は、事実上の現役最強馬決定戦でもあった。

対峙するのは、一つ年下のサトノダイヤモンド。有馬記念以来二度目の対決で、有馬記念はサトノダイヤモンドがクビ差で勝ち、C・ルメール騎手が歓喜の涙を流すほどのレースでもあった。一年を締めくくる大一番に相応しい名勝負であり、今回も名勝負を期待するファンが戦前から大いに沸いていた。

また、2頭の血統背景も対照的で、ディープインパクト産駒のサトノダイヤモンドは、セレクトセールにおいて2億4150万円で落札された高額馬。一方のキタサンブラック。父はディープインパクトの全兄ブラックタイドだが、その父にとって同馬が初のGIウイナーとなった産駒だった。生まれた当初はそれほど目立つ血統ではなかったものの、良血馬を次々と撃破し成り上がったキタサンブラックは、「野武士」のような馬とも言える。

そして、このレースに臨んでくる過程もまた、ともに完璧だった。先にこの年の初戦を迎えたのはサトノダイヤモンドで、阪神大賞典をレース史上2位の好タイムで完勝すると、2週間後、キタサンブラックも負けじとGIに昇格したばかりの大阪杯を快勝。四つ目のビッグタイトルを獲得した。

しかも、キタサンブラックはこの春から、かつてのミホノブルボンを彷彿とさせるような坂路3本乗り調教も取り入れていた。正確にいうと、ミホノブルボンの場合は4本乗りだったが、当時は坂路の距離も300m短かった。そのため、単純比較はできないものの、異例のハードトレーニングを課された年度代表馬はさらなる強さを手に入れ、連敗だけは絶対に許されない戦いへと、身を投じようとしていたのだ。

そんな2頭の単勝オッズは、キタサンブラックの2・2倍に対してサトノダイヤモンドは2・5倍と、完全な一騎打ちムード。大型連休の高揚感と相まって、盛り上がりは最高潮に達していた。

雪辱を果たすのか、返り討ちとなるのか。どっちが本当に強いのか――。

155回目の天皇賞は、文字どおり雌雄を決する舞台となったのである。

ゲートが開くと、ヤマカツライデンが好スタート。宣言どおりにハナを切ったが、キタサンブラックも好発を決め、すぐさま2番手を確保した。一方のサトノダイヤモンドは、シャケトラやシュヴァルグランら上位人気馬を挟み、キタサンブラックからは5馬身差。ちょうど中団に位置してしっかりと折り合い、1周目のスタンド前を迎えていた。

前半1000mの通過は58秒3で、記録が残っている86年以降では01年に並ぶ最速のペース。2番手のキタサンブラックでも59秒前半で通過していて、この開催特有とも言える先行有利の高速馬場という点を踏まえても、非常に厳しい流れだった。

そこから中間点を迎えるあたりでペースは大きく落ちたものの、ヤマカツライデンとキタサンブラックの差は、およそ20馬身に拡大。ただ、実質15頭を従えて逃げているようなキタサンブラックにとって、わずかでも、ここで息が入ったのは大きかった。

その後、二度目の坂の上りでヤマカツライデンとの差を徐々に詰めたキタサンブラックは、残り800mの標識を前に、5馬身差まで接近。「京都の坂は、ゆっくり上ってゆっくり下る」という鉄則を完全に遙か彼方へと葬り去るような乗り方だった。しかし、望むところと言わんばかりにシュヴァルグランとサトノダイヤモンドも呼応し、スパートを開始。さらに、4コーナーでキタサンブラックが単独先頭に躍り出ると、名勝負への期待も一気に高まり、現役最強を決める戦いは、いよいよクライマックスの刻《とき》を迎えようとしていた。

直線に入ると、キタサンブラックは後続との差を2馬身半に広げ、盾連覇の偉業と年末の雪辱を果たすため粘り込みをはかる。2番手は、アドマイヤデウス、シュヴァルグラン、サトノダイヤモンドが横並びとなり、上位争いは4頭に絞られたが、これら3頭が束になってかかっても、キタサンブラックは馬体を並べることすら許さない。530キロ超の巨軀から繰り出される、凄まじいまでのスピードと底力。これが、坂路3本乗りの賜物なのか——。

対するサトノダイヤモンドも有馬記念の再現を狙い、懸命にこれを交わそうと試みたものの、キタサンブラックと武豊騎手から湧き出る勝利への執念を前に、この日ばかりは白旗を上げざるを得なかった。結局、残り100mでついた1馬身1/4差は最後まで変わらず、文字どおりリードを死守したキタサンブラックが先頭でゴールイン。一角崩しに成功したシュヴァルグランが2着となり、サトノダイヤモンドがクビ差の3着に続いた。

勝ち時計は3分12秒5で、06年のディープインパクトのレコードを0秒9も更新する驚異的なもの。一方、敗れたサトノダイヤモンドを管理する池江泰寿調教師も、後日「あのキタサンブラックはディープインパクトでも差せない」と、最大限の賛辞を送っている。

スピード、スタミナ、底力。すべてが異次元のハイレベルであることを証明したこの天皇賞（春）こそ、私の思うキタサンブラックのベストレースである。とりわけ、現代競馬において もっとも重要なスピードを遺憾なく発揮したことが、種牡馬としての成功をも決定づけたのではないだろうか。

（齋藤翔人）

有馬記念で敗れたサトノダイヤモンドに雪辱を果たしGI5勝目を挙げた。

春の天皇賞連覇達成の瞬間

菊花賞を優勝後、有馬記念を３着。４歳初戦の産経大阪杯では２番手からマークしてきたアンビシャスにゴール前で交わされクビ差２着。有馬記念で騎乗した横山典弘騎手の見事なマーク戦術で敗れたが、名手・武豊騎手が騎乗した２戦目の天皇賞（春）を逃げ切り勝ちで長距離GI2勝目を挙げた。続く翌年春の天皇賞も制し、キタサンブラックはGI5勝目をマーク。この勝利で武騎手も春の天皇賞８勝目。まさに「名手と名馬の名コンビ」だった。

2017年4月30日

第155回 天皇賞・春GⅠ

京都　芝右　3200m　4歳以上オープン　晴　良

レース結果

着順	枠番	馬番	馬名	性齢	斤量	騎手	タイム	着差	人気
1	2	3	キタサンブラック	牡5	58	武豊	03:12.5		1
2	3	6	シュヴァルグラン	牡5	58	福永祐一	03:12.7	1.1/4	4
3	8	15	サトノダイヤモンド	牡4	58	C・ルメール	03:12.7	クビ	2
4	5	10	アドマイヤデウス	牡6	58	岩田康誠	03:12.8	クビ	10
5	4	7	アルバート	牡6	58	川田将雅	03:13.3	3	6
6	5	9	ディーマジェスティ	牡4	58	蛯名正義	03:13.5	1.1/2	8
7	6	12	ゴールドアクター	牡6	58	横山典弘	03:13.6	3/4	5
8	7	13	トーセンバジル	牡5	58	四位洋文	03:13.7	クビ	9
9	1	1	シャケトラ	牡4	58	田辺裕信	03:13.7	クビ	3
10	3	5	ファタモルガーナ	セ9	58	浜中俊	03:13.8	1/2	15
11	7	14	ワンアンドオンリー	牡6	58	和田竜二	03:14.1	2	11
12	8	16	レインボーライン	牡4	58	M・デムーロ	03:14.3	1.1/4	7
13	4	8	タマモベストプレイ	牡7	58	吉田隼人	03:15.1	5	14
14	2	4	スピリッツミノル	牡5	58	幸英明	03:15.2	1/2	16
15	8	17	ヤマカツライデン	牡5	58	松山弘平	03:15.7	3	12
16	6	11	プロレタリアト	牝6	56	杉原誠人	03:15.9	1.1/4	17
17	1	2	ラブラドライト	セ8	58	酒井学	03:16.2	1.1/2	13

世紀の大一番
4

第156回　2017年10月29日

天皇賞・秋GI

初体験の出遅れ↓慌てずイン粘り先頭ゴールで感じた「どの騎手も乗りたい馬」

GI7勝を挙げた名馬キタサンブラックには「欠点が少なかった馬」との印象を持っている。「どんな状況にも耐えられるタフな能力」と言い替えてもいいかもしれない。その印象を強く受けたのが5歳秋の天皇賞である。

先行力を活かして菊花賞、春の天皇賞、ジャパンC、大阪杯、そして春の天皇賞（連覇）とGIを5勝してきた。距離もコースも回り方も異なる東京・京都・阪神、三つの競馬場で勲章を手にしてきたのも、多くの馬にかいま見える「マイナス材料」が少ない馬だからだ。前述通り「どんな状況も苦にしない」わけである。

しかし、このレースではそれまでの状況とはまるで勝手が違った。雨が降り止まぬ不良馬場の中での天皇賞。稍重での勝利はあるものの、不良馬場どころか重馬場ですら未経験。しかも前走の宝塚記念では走る気を見せず12戦ぶりに3着を外した。圧倒的実績の持ち主であるにもかかわらず単勝3・1倍にファンの不安が示されていた。

相手も強力だった。２番人気は前走で敗れたサトノクラウン。重馬場の京都記念を勝っている上に、キタサンブラックが14着に敗れたダービーで３着と好走している。同世代の最強馬ドゥラメンテ以外で、キタサンブラックに二度も先着したのはこの馬とリアルスティールだった。

３番人気は同じく同世代のリアルスティール。前走の毎日王冠を勝って状態はピーク。しかも距離２０００ｍの皐月賞ではキタサンブラックに先着している。

１世代下ではダービー馬マカヒキが参戦。半年前の大阪杯ではキタサンブラックに敗れたが、東京コースで栄光を手にした馬だ。３歳勢では5月にオークスを制したソウルスターリングも出走してきた。２０００ｍの鬼であるヤマカツエース、復活が期待されるダービー馬ワンアンドオンリー、２走前に安田記念を勝ったサトノアラジンなど強豪メンバーを迎え撃った。

「未経験の状況をどう乗り切るか」――多くのファンの想定とは裏腹に、キタサンブラックはスタート直前に突進してしまい、前扉にぶつかった直後にゲートが開いた。それまでとは異なり、初体験の出遅れをしてしまった。

名手・武豊騎手は慌てずにラチ沿いを進んだ。出遅れたことで直線に懸けると腹を決めたのだろう。直後、キタサンブラックはもう一つの「未経験」を味わった。前を行く馬が駆け抜けたことによる芝や泥の跳ねである。それらが自分の顔に当たることを嫌う馬も少なくなく、そうした馬たちの失速を何度も目にしてきた。

１０００ｍ通過は64秒2。直後、中団やや後方に位置したキタサンブラックは３コーナーを過ぎるとゆっくりと前に上がっていった。各馬が外へ膨らむ中、最内のラチ沿いをキープすると、直線入り口では早くも先頭に立った。

「ホントかよ！」――東京競馬場の４コーナーで見ていた筆者は、キタサンブラックが負ける、と感じたであろうファンの声を耳にした。私自身も同じ思いだった。

「ほかの騎手は走りやすい外を回るだろう」と予測していたのか。さすがは天才騎手だ。数多く見てきた武騎手のレース内容の中でも、間違いなくベストクラスの騎乗だ。

残り３００ｍを切ってもキタサンブラックの脚色は衰えない。ライバルのサトノクラウンが内から押し上げてきたが、両馬の脚色はまるで同じ。こうなると前を行くキタサンブラックに負ける要素はない。

武騎手が見せた驚くべき「マジック騎乗」により、キタサンブラックはＧⅠ６勝目をマーク。多くのファンがプロだ、と再認識した。

そして、キタサンブラックの能力についても驚愕の思いしか浮かばなかった。

初体験の不良馬場。

前走大敗後のぶっつけGⅠ出走。

しかもスタート直前に前扉にぶつかるアクシデント。

これだけマイナス材料が揃ったにもかかわらず、勝ち切る馬など目にしたことがない。鞍上の武騎手はインタビューで「ロスがあったので内に賭けた」「返し馬でチェックすると、この馬場をこなせると感じた。リスクはあったが思い切った」と語った通り、パートナーは鞍上の狙い通りに走ってみせた。

このインタビューを聞いて感じたことが一つあった。「どの騎手も乗ってみたい馬ではないか」と。

スタートで出遅れても精神的に怯《ひる》まない。

どんなコースでも馬場状況でも走ってみせる。

距離もオールマイティ。

騎手の指示に従ってみせる。

多くの競馬関係者が「理想的な馬」と口を揃える。そんな気がしてならなかった。

天皇賞の春秋連覇はタマモクロス、スペシャルウィーク、テイエムオペラオー、メイショウサムソン以来5頭目。天皇賞3勝目はテイエムオペラオーと並ぶ偉業となった。

（小川隆行）

ハナを切れずも終わってみれば…。インに終始した武豊騎手の絶妙な騎乗が光った一戦。

必死に耐えたワープ戦術で GI6勝目！

5歳になり大阪杯と春の天皇賞を連勝、GI5勝目を挙げていたキタサンブラックだが、前走の宝塚記念で9着と惨敗を喫し、4ヶ月の休養を経て5歳秋初戦を迎えた。過去のレースと異なりスタートで出遅れ11番手からのレース運びとなったが、鞍上の武豊騎手は慌てず。4コーナーで各馬が外へ膨らむのを予測、自身は内ラチ沿いを走った。見事な「ワープ戦術」となり、併せてきたサトノクラウンを振り切り天皇賞・春秋連覇を達成した。

キタサンブラック 世紀の大一番 4

2017年10月29日

第156回 天皇賞・秋GI

東京　芝左　2000m　3歳以上オープン　雨　不良

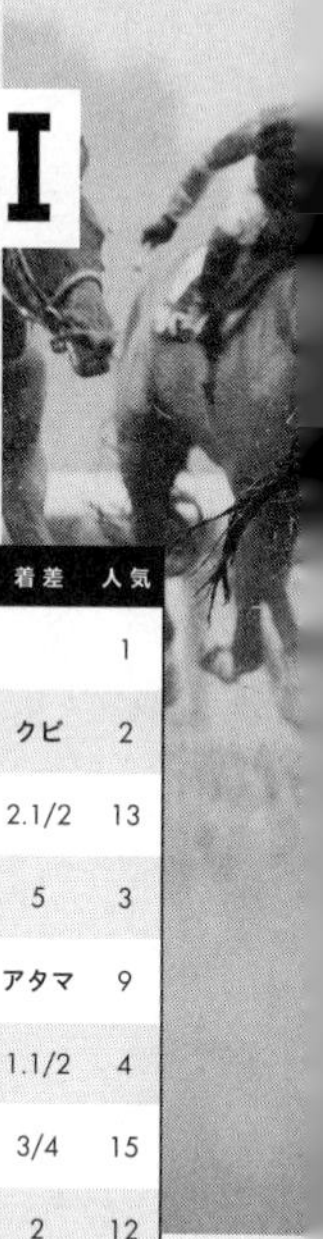

レース結果

着順	枠番	馬番	馬名	性齢	斤量	騎手	タイム	着差	人気
1	4	7	キタサンブラック	牡5	58	武豊	02:08.3		1
2	1	2	サトノクラウン	牡5	58	M・デムーロ	02:08.3	クビ	2
3	4	8	レインボーライン	牡4	58	岩田康誠	02:08.7	2.1/2	13
4	2	4	リアルスティール	牡5	58	V・シュミノー	02:09.5	5	3
5	7	15	マカヒキ	牡4	58	内田博幸	02:09.5	アタマ	9
6	5	9	ソウルスターリング	牝3	54	C・ルメール	02:09.7	1.1/2	4
7	3	6	ディサイファ	牡8	58	柴山雄一	02:09.9	3/4	15
8	1	1	サクラアンプルール	牡6	58	蛯名正義	02:10.2	2	12
9	7	13	グレーターロンドン	牡5	58	田辺裕信	02:10.4	1.1/4	6
10	6	12	ステファノス	牡6	58	戸崎圭太	02:10.5	1/2	10
11	3	5	ヤマカツエース	牡5	58	池添謙一	02:10.8	2	7
12	5	10	ミッキーロケット	牡4	58	和田竜二	02:10.9	クビ	14
13	2	3	ネオリアリズム	牡6	58	A・シュタルケ	02:12.0	7	8
14	6	11	ロードヴァンドール	牡4	58	太宰啓介	02:14.4	大	18
15	8	18	シャケトラ	牡4	58	C・デムーロ	02:15.1	4	11
16	8	16	カデナ	牡3	56	福永祐一	02:15.8	4	17
17	8	17	ワンアンドオンリー	牡6	58	横山典弘	02:16.3	3	16
18	7	14	サトノアラジン	牡6	58	川田将雅	02:16.9	3.1/2	5

世紀の大一番 5

第62回

2017年12月24日

有馬記念GI

〝感謝祭〟最高のシナリオを実現した、キタサンブラックの精神力

日本ダービーが競馬の祭典ならば、有馬記念は競馬の〝感謝祭〟だ。

アメリカの感謝祭は毎年11月第4木曜日。祝日にしたのはエイブラハム・リンカーンだという。多くの州では翌日も祝日とし、4連休の感謝祭休暇が一般的だ。有馬記念は12月4週目に行われ、また少し気が早い会社ではこの週末から年末年始の休暇が始まり、クリスマスと重なることが多い有馬記念は年末気分の入り口でもある。感謝祭は自然の恵みに謝意を捧げるが、ファン投票によって出走馬が選ばれる有馬記念は競馬ファンへのプレゼントであり、我々もまた1年間競馬を提供してくれた関係者に感謝を伝える祝祭空間と言える。ファンが見たい夢のレースを待つ時間は至福のひと時でしかない。

2017年、この年の祭りの主役キタサンブラックはこれが競走馬生活の大トリ、引退レースだった。ここまでGⅠ6勝を挙げている、まごうことなき名馬である。しかし、有馬記念三度目の出走となるキタサンブラックは、ここまで3着、2着と勝っていない。それどこ

ろか宝塚記念も3着、9着でありグランプリレースは未勝利。もちろん、すでに「ファンの馬」ではあったが、年末の風物詩であるグランプリを勝ってトリを飾りたかった。

そして、そのお膳立ては整っていく。ファン投票は圧倒的1位、さらに枠順抽選会では武豊騎手が残っていた中でも絶好枠とされた2番枠を引き、当然ながら単勝オッズは最終的に1・9倍と一本かぶり。さらに最終レース終了後にはお別れセレモニーまで組まれた。結果的に勝てたからハッピーエンドになったが、陣営はかなりのプレッシャーを背負っていたに違いない。勝てるだろうと思っても勝てないのが競馬というもの。この年、感謝祭がもっとも盛りあがるシナリオにはキタサンブラックの有馬記念制覇は欠かせないだろうが、それを完結させるために想像以上の緊張感を強いられる。やはり、有馬記念を2年連続で落としているという事実は重い。敗因はその都度、色々あれど、現実は現実。勝っていないレースを一発勝負で勝たなければいけないのは並大抵のことではない。

そのプレッシャーは名手・武騎手も感じていた。

「楽観視することは一つもなかった。1m、1mを丁寧に乗って、1mずつクリアした」

有馬記念3勝目の武騎手はレース後にこうコメントを残した。いつもスマートでどこか達観したところがある名手がこれほど慎重な心持ちを振り返るレースはあまりない。

中山芝2500mを先行脚質で挑む上では文句なしの1枠2番だが、それはスタートが決まればの話である。実際、キタサンブラックは天皇賞（秋）で出遅れた。勝ったのでとやかく言われないが、ゲートに不安がないわけではない。ゲートで後れをとれば、たちまちライバルたちに進路を阻まれ、最初の3、4コーナーで位置を下げざるを得なくなる。勝たなければいけないプレッシャーを感じながら、先手を取るのは容易いことではない。だが、キタサンブラックはゲートを決め、先手を取った。これだけで勝ちを確信できるほど中山芝2500mは素直なコースではない。正面スタンド前までは11秒台〜12秒台前半とそれなりのラップを刻んだキタサンブラックは1コーナーあたりから13秒3—13秒2と一気にペースを落とした。正確無比な武騎手の体内時計と競馬を知り尽くしたキタサンブラックのリズムが一つになった。2番手シャケトラ以下、後ろは動けない。いや、この地点は動くべきではないからだ。キタサンブラックはそれを見越して、ラストに向けて息を整える。

そろそろ捕まえに行こうか。ライバルたちがそう感じるより一歩早く、キタサンブラックは3コーナー手前残り1000m地点から徐々にペースを上げていく。12秒2—12秒1—11秒7と来て、残り400〜200mを11秒2で決めにかかる。これほど美しすぎる理想的な加速ラップはない。武騎手の慎重さがこのラップに集約しており、負けられない緊張感を背負い、それを跳ねのけることに全身全霊をかけた名手の仕事そのものだった。そんな完璧な競馬をこなすキタサンブラックの賢さもまた自身が超一流の競走馬であることを如実に示した。ここまで育て上げた陣営の馬との向き合い方もまた、このラップの向こうに見える。すべての関係者とキタサンブラックによるプロフェッショナルな仕事ぶりに感謝したい。心からそう思える競馬だった。

最後に念願のグランプリを勝ち、GⅠ7勝目を挙げ、当時の歴代獲得賞金トップに躍り出たことも偉業だが、実はキタサンブラックのように5歳で秋の中距離GⅠを2勝した馬はこの時点ではいなかった。3連勝を達成したテイエムオペラオー、ゼンノロブロイはどちらも4歳での達成で、5歳で1ヶ月おきにやって来る古馬中距離GⅠをすべて走り、力をつけた3歳や充実期を迎えた4歳相手に2勝するのは難しい。付け加えれば、キタサンブラックはジャパンCも3着なので、5歳秋シーズンをほぼ崩れず乗り切った。クラシックを勝ち、5歳の終わりまで結果を残したキタサンブラックのタフさ、長期間ピークを保ち続ける精神力は歴代名馬をも凌駕する部分だ。まして、レースはほぼ逃げるか好位から運ぶかの積極策。常にマークされる立場にありながらのGⅠ7勝はその記録としての価値をさらに高める。この頑健さこそがキタサンブラック最大の特徴なのだ。

17年有馬記念はキタサンブラックが締め、堂々と主役として盛大なるお別れセレモニーという祝福を受け、現役生活に別れを告げた。

レース後、薄暮の中山に響く豪快な歌声。これぞ、日本の祭りというものだ。

（勝木淳）

引退レースでもハナを切り有終の美。名馬たちに並ぶGI7勝目を挙げてターフを去った。

引退レースを見事に勝利した名馬

デビュー20戦目、引退レースとなった有馬記念。3歳時は3着、4歳時は2着と勝ち切れずにいたが、いつものようにハナを切ると直線でも天性のスタミナを発揮して優勝。シンボリルドルフやディープインパクトらの名馬に並ぶGI7勝目を挙げた。3着馬は前走ジャパンCで敗れたシュヴァルグラン。表彰式では前田健太投手（当時ドジャース）からトロフィーが渡され、レース後の「キタサンブラックお別れセレモニー」では武豊騎手からも笑みがこぼれた。

2017年12月24日

第62回 有馬記念GI

中山　芝右　2500m　3歳以上オープン　晴　良

レース結果

着順	枠番	馬番	馬名	性齢	斤量	騎手	タイム	着差	人気
1	1	2	キタサンブラック	牡5	57	武豊	02:33.6		1
2	2	3	クイーンズリング	牝5	55	C・ルメール	02:33.8	1.1/2	8
3	5	10	シュヴァルグラン	牡5	57	H・ボウマン	02:33.8	ハナ	3
4	7	14	スワーヴリチャード	牡3	55	M・デムーロ	02:33.8	クビ	2
5	6	11	ルージュバック	牝5	55	北村宏司	02:34.0	1.1/4	10
6	4	7	シャケトラ	牡4	57	福永祐一	02:34.1	3/4	7
7	8	16	サウンズオブアース	牡6	57	C・デムーロ	02:34.2	クビ	14
8	4	8	レインボーライン	牡4	57	岩田康誠	02:34.3	1/2	9
9	3	6	サトノクロニクル	牡3	55	戸崎圭太	02:34.3	クビ	11
10	1	1	ヤマカツエース	牡5	57	池添謙一	02:34.4	1/2	6
11	7	13	ミッキークイーン	牝5	55	浜中俊	02:34.5	1/2	5
12	2	4	ブレスジャーニー	牡3	55	三浦皇成	02:34.6	3/4	12
13	6	12	サトノクラウン	牡5	57	R・ムーア	02:34.6	ハナ	4
14	3	5	トーセンビクトリー	牝5	55	田辺裕信	02:34.8	1.1/4	15
15	8	15	カレンミロティック	セ9	57	川田将雅	02:35.1	1.3/4	16
16	5	9	サクラアンプルール	牡6	57	蛯名正義	02:35.5	2.1/2	13

新馬・条件・オープン戦＆重賞レース

3歳1月下旬という遅いデビューながら、
前評判を覆して突き進むクラシックへの道
それは世代のトップへ躍り出る予感の始まり

ダービー14着惨敗後のセントライト記念では、ダービー2着馬を寄せ付けない快勝劇。

新馬戦

3歳新馬

伝説の幕開けは、意外にもキャリアの中で珍しさのある一戦に

2015年1月31日　東京
芝左　1800m　晴　稍重

将来GIを勝つ馬から、残念ながら未勝利に終わってしまう馬まで、全ての出走馬が等しくまっさらな馬柱で出走表に並ぶ舞台、新馬戦。のちに12個の勝ち星を挙げ、18億円以上の賞金を稼ぐことになるキタサンブラックも、3歳の1月31日、16頭のうちの1頭として14番ゲートに入った。

1番人気はミッキージョイで2番人気はペブルガーデンと、前年までに3年連続リーディングサイアーを獲得し、種牡馬としても圧倒的な存在感を放っていたディープインパクトの産駒が支持を集めた。そしてその2頭に続く3番人気に推されたのが、キタサンブラックであった。父はディープインパクトの全兄ブラックタイド、母はデビュー前に屈腱炎を発症し未出走のまま繁殖入りしたシュガーハート。キタサンブラックは母の3番仔にあたり、1歳上の半兄には将来的に8歳まで中央重賞戦線で活躍し、引退後は種牡馬入りすることになるショウナンバッハがいたが、こちらも本格化は地方転籍を経て中央再登録を果たしたあとだ

ったという時期的な背景もあり、この時点でのキタサンブラックの注目度はそれほど高くなかった。

前日の全国的な荒天の影響が残る中、生産者のヤナガワ牧場や陣営の期待を一身に背負った510キロの鹿毛の巨体は、その後20戦に及ぶ長い競走生活の第一歩を、稍重の発表となった東京の芝の上に踏み出した。ゲートの出は五分。悪くないスタートを切るも、のちに強力な武器となる先行策ではなく、中団やや後ろ、外めにポジションを取りレースを進める。3～4コーナーを回りながら前との差を詰めていくと、鞍上の後藤浩輝騎手に気合を入れられ、残り200mを切ったあたりから一気にスピードアップ。逃げ切りをはかっていたコスモアルヘナをゴール前で交わして抜け出し、単勝1・7倍の圧倒的1番人気ミッキージョイの追い込みを1馬身と1／4差で退け、デビュー戦を見事勝利で飾った。

上り34秒2はメンバー中2位。キャリア20戦の中で上がりが上位3番内に入ったレースは四度しかなく、加えてこの新馬戦の1800mという距離は、キタサンブラックの走ったレースの中で3走目のスプリングSとともに最短タイ。稍重での出走は3戦で、勝利はこの時の一度のみ。7枠14番は、内枠を引くことが多かった彼にとって最も外からのスタートで挙げた勝利でもある。キタサンブラック伝説の幕開けは、最初の1勝であると同時に、キャリアの中でも珍しい1勝となったのである。

（岩坪泰之）

1着	キタサンブラック	後藤浩輝	01:52.3
2着	ミッキージョイ	横山典弘	1.1/4
3着	コスモアルヘナ	津村明秀	1/2

2015年2月22日 東京
芝左 2000m 曇 良

3歳500万下

単勝48・4倍の伏兵評価を覆し、後のダービー2着馬と万馬券を演出

新馬戦での勝利から中2週。その余韻に浸る間もなく、キタサンブラックは再び東京競馬場にいた。陣営が2戦目に選んだのは3歳500万下、芝2000m。前走から距離を200m延ばしての戦いで、鞍上は北村宏司騎手に乗り替わり。ここから菊花賞まで、騎乗停止で浜中俊騎手に乗り替わった皐月賞を除く5戦で手綱を取り、GⅠ菊花賞、GⅡセントライト記念、GⅡスプリングSを含む4勝を挙げることとなる名コンビの、初陣がこの条件戦だった。

新馬戦を勝利したものの、この日のキタサンブラックは単勝48・4倍で14頭立ての9番人気。1番人気は前走シンザン記念で勝ち馬グァンチャーレとタイム差なしの好勝負を演じていた、後のエプソムC勝ち馬ダッシングブレイズ。2番人気に重賞3勝馬ディアデラマドレの半弟で重賞2勝馬ドレッドノータスの全兄サンマルティン。3番人気が前々走東京スポーツ杯2歳Sでサトノクラウンと0秒2差の好勝負を演じていたエミネスクで、4番人気に前

走セントポーリア賞でドゥラメンテの2着に入っていたウェルブレッドが支持され、ここまでが単勝10倍を切った人気どころ。実績あるライバルたちに人気が集まった形で、キタサンブラックの走った全20走の中で最も人気がつかなかったレースとなったが、同時にこの一戦が、キタサンブラックが最も穴党を喜ばせたレースとなる。

5枠7番からスタートを切るキタサンブラック。ゲートを出た直後やや横にふらつくような動きを見せるもすぐに立て直し、新馬戦では見られなかった二の脚を利かせて2番手にポジションを取った。逃げたマイネルポルトゥスから離れた位置でのびのびとレースを進め、最終コーナーを回り残り400mを迎えるとその差は5馬身ほど。ここから200mで一気にスピードに乗りマイネルポルトゥスを捕えたキタサンブラックは、勢いそのままに後続をぐんぐん突き放して抜け出していく。結果は、差してきた2着サトノラーゼンに3馬身差をつける快勝。デビューから無傷の2連勝となった。

約3ヶ月後、GⅠ日本ダービーの舞台でドゥラメンテの2着に入ることになるサトノラーゼンも、この日は6番人気の伏兵評価。3着に10番人気グラブザフラッグが入り、キタサンブラックとグラブザフラッグのワイドは万馬券。3連単64万5000円を超える波乱となった。

競馬ファンであれば誰でも一度は考えることではないかと思われるが、もし過去に戻れるのであれば、自信を持って財布の中身をつぎ込みたいレースの一つである。

（岩坪泰之）

1着	**キタサンブラック**	北村宏司	02:01.4
2着	**サトノラーゼン**	福永祐一	3
3着	**グラブザフラッグ**	三浦皇成	1/2

重賞 1

第64回 2015年3月22日

スプリングステークス GⅡ

原点とも言える「先行・逃げ」で良血リアルスティールらを撃破し重賞馬に

東京で2連勝を収めた1ヶ月後。キタサンブラックは無敗での3連勝を狙い、初めて中山へ出陣した。皐月賞トライアルとあって、勢いのある顔ぶれが揃った。中でも目を引くのは、共同通信杯の勝ち馬リアルスティール（2・0倍）と、朝日杯FSの勝ち馬ダノンプラチナ（3・5倍）。この2頭がファンの期待を背負う中、キタサンブラックは5番人気12・3倍と、ややプレッシャーの少ない立ち位置となった。

ゲートが開く。最内枠のキタサンブラックが、抜群のスタートを決めた。ハナに立つ勢いもあったが、外から来たタケデンタイガーを先に行かせ、やや離れた2番手を追走する。さまざまなレース運びを想定していた北村宏司騎手は「これもありかな」というように、ゆったりとしたペースに身をゆだね、キタサンブラックのリズムを崩さないように努めた。一方、2頭の有力馬は中団で控え、勝負のタイミングを待っていた——。

思いの外早く逃げ馬の脚が止まり、後続も流れ込み始めた第4コーナーから直線。

次の瞬間、前方にいた鳩の群れが一斉に飛び立った。

レースが動く。北村宏騎手の右ムチに呼応するようにキタサンブラックが抜け出し、自慢の大きなストライドで逃げ切らんとする。すぐ後ろには、ポジションを上げていたダノンプラチナが追いすがり、その外からはリアルスティールが鋭い脚で襲いかかって来ていた。北村宏騎手の「がんばれ、がんばれ」という、祈るような激励。後方からライバルが迫る。

ゴール板、祈りは届いた。リアルスティールをクビ差で凌ぎ、重賞初制覇。皐月賞はもちろん、賞金面でダービーの権利も獲得。ブラックタイドとの父仔制覇も達成する、親孝行な結果となった。前2走は差し切り勝ちだったが、今回は初めて根性で耐え抜く競馬を経験した。今思えば、このレースこそがキタサンブラックがとりわけ得意とした競馬スタイル、「先行・逃げ」の原点だったのかもしれない。

陣営は大型馬であるキタサンブラックの本格化を秋以降と予想していて、クラシック登録をしていなかったという。この強さでまだ成長途中なのだから、皐月賞ではさらに進化した姿を見られるのではないだろうか。さかのぼれば、スプリングSを無敗で制した馬は10頭。シンザン、ハイセイコー、テンポイントなどGⅠ級の名馬が8頭も生まれている。歴史的名馬に肩を並べるとてつもない可能性を予感させながら、キタサンブラックは、新しい敵と対峙していくこととなる。


（吉田梓）

1着	キタサンブラック	北村宏司	01:49.1
2着	リアルスティール	福永祐一	クビ
3着	ダノンプラチナ	蛯名正義	3/4

重賞2

第75回 2015年4月19日

皐月賞GI

無敗の3連勝で挑んだ初GI「ハイレベル世代」を証明した3着

3着

新馬戦からスプリングSまで3連勝を決めたキタサンブラックは、皐月賞の優先出走権を得た。しかし大型馬であり本格化は古馬になってから、と思われていたため、デビュー時にクラシック登録をしていなかった。

200万円の追加登録料を支払い、出走した皐月賞では鞍上の北村宏司騎手が騎乗停止中で、浜中俊騎手に乗り替わった。

好スタートを決めたキタサンブラックは、過去2戦と同じく2番手につけた。前を行くクラリティスカイを見ながらの先行策は、前半1000m59秒2とやや速い流れ。3連勝で弥生賞を制した1番人気サトノクラウンと、共同通信杯2着から滑り込み出走（フルゲートに満たなかったため）となった3番人気ドゥラメンテは後方につける。2頭に騎乗したC・ルメールとM・デムーロの両騎手は「ペースが速い」と感じていただろう。

4コーナー直前、ラチ沿いでキタサンブラックが追い始めた直後、7番手につけたドゥラメンテは4頭分外に持ち出した。弾き飛ばされたようにも見えた、一瞬のワープ戦術。「馬場のいいところを走りたい」と考えたデムーロ騎手の「瞬時の判断」がレース結果を左右した。そのまま追い出されたドゥラメンテは、ほかの馬が止まって見えるほどの瞬発力で前との差をぐんぐん詰める。終わってみれば2着リアルスティールに1馬身半差の圧勝劇。キタサンブラックは4馬身も離された。上がりトップとなる33秒9は、2位のサトノクラウンの34秒5とコンマ6秒もの開きが生じた。

今振り返っても、このレースは非常にハイレベルだった。

勝ったドゥラメンテは次走の日本ダービーも制して二冠馬となった。

2着リアルスティールは4歳春にドバイターフを制してみせた。

3着はキタサンブラック、4着ブライトエンブレムを挟んで5着クラリティスカイは次走でNHKマイルCを制した。これに続く6着馬サトノクラウンは4歳秋に香港ヴァーズを制すと、5歳春に宝塚記念を優勝。上位6頭中5頭がGI馬となった皐月賞など記憶にない。

もしも現4歳のダノンベルーガがGIを制したら、22年の皐月賞は掲示板に載った上位5頭（優勝ジオグリフ、2着イクイノックス、3着ドウデュース、4着ダノンベルーガ、5着アスクビクターモア）ともGI馬となる。こう考えると、この二つの世代は競馬史に刻まれるハイレベルな世代である。

（後藤豊）

1着	ドゥラメンテ	M・デムーロ	01:58.2
2着	リアルスティール	福永祐一	1.1/2
3着	キタサンブラック	浜中俊	2.1/2

重賞3

第82回　2015年5月31日

日本ダービーGI

14着

灼熱の府中で見せた惨敗は、その後の栄光に繋がる糧となった

快晴の府中。初夏とは思えぬほどの鋭い日差しが、ターフを輝かせている。気温は約30度。スタンドに押し寄せた11万人を超える観客の熱気と興奮は、ファンファーレが響き渡る頃には最高潮に達していた。

2012年に誕生した6837頭の競走馬の中から日本ダービーにたどりついた18頭。その中にキタサンブラックもいた。デビューからわずか4ヶ月。ひと月ごとに勝ち星を重ね、皐月賞では3着と健闘。10日間の休養を挟んだのち、厳しい調教で鍛え抜かれた美しい馬体が8枠17番に収まる。内枠が有利とされるダービー。ゲートから1コーナーの350mで、激しいポジション争いが想定される。逃げ宣言をしているスピリッツミノルは同枠の16番。この馬にどう取りつくか、あるいはハナを奪うのか。そして、二冠目を狙う1番人気のドゥラメンテは、どこから動いて来るのか。幾重にも渦巻く勝利への思惑がゲートを支配していた。

ゲートが開かれた。つまずきがあったもののすぐに立て直し、ぐんぐん前に進むキタサン

ブラックが捕えようとした先頭は、想定されたスピリッツミノルではなくミュゼエイリアンだった。キタサンブラックはその1馬身半後ろで折り合い、冷静に追走する。ドゥラメンテは中団で息を潜める。1000m通過タイムは58秒8。想像以上のハイペースにスタンドはどよめいた。先行勢には厳しい展開、キタサンブラックに余力は残されているのか――。

勝負の直線。ミュゼエイリアンを交わすため、北村宏司騎手はキタサンブラックに合図を送る。本来であればここからじりじりと抜け出し、リードを広げるはずだった。しかし反応がない。何度か繰り返すうちに、追い込み馬たちがやってくる。そしてドゥラメンテが、その者たちを引き連れて彼方に去って行った。

キタサンブラックの着順は14着。初めての完敗だった。ハイペースがキタサンブラックのスタミナを削いだ。さらに、今まで毎回の長距離輸送にもへこたれず不調とは無縁と思われていたが、このレースでは疲れが溜まっていて、本来の力を発揮することができなかったのかもしれない。ならば改善するのみ。陣営は休養をしっかり取れるよう、ゆとりのあるローテーションに変更。効果は表れた。後にも先にも二桁着順まで大崩れしたのはこの一回きりで、17年宝塚記念の9着を除けば全て馬券内。近年珍しくなった古馬王道ローテを皆勤する屈強さを身に付けるには、この負けは必要不可欠だっただろう。無駄な経験は一つもない。強くなるきっかけはどこにだってある。そう鼓舞されるレースだった。

（吉田梓）

1着	**ドゥラメンテ**	M・デムーロ	02:23.2
2着	**サトノラーゼン**	岩田康誠	1.3/4
3着	**サトノクラウン**	C・ルメール	ハナ

重賞4

第69回 2015年9月21日

セントライト記念GⅡ

6番人気の低評価を覆す勝利
初GⅠ勝利に向けて幸先よいスタート

12・5倍――セントライト記念を勝利したキタサンブラックの単勝配当だ。後にGⅠ7勝を挙げる名馬がこれほど人気薄だったのは、前走のダービーで惨敗したこと、馬体重がプラス12キロと増えていたことなどが要因だった。ダービー2着馬サトノラーゼンが出走してきたことも低評価の一因だった。

2000mの皐月賞で3着に粘った馬が2400mのダービーで2番手につけ14着と大敗していた。この結果から2200mの距離に不安を感じるのは当然である。しかも母父は種牡馬時代に短距離馬しか出していないサクラバクシンオーであり、父はGⅠ馬を出していないブラックタイド。

後の競馬史に名を刻む名馬が6番人気と低評価だったのも、致し方なかった。

しかし、キタサンブラックはそうしたファンの評価を打ち破る快勝を見せた。7枠13番からスタートを切ると、1コーナー過ぎに2番手につける。行きたがる素振りも見られたが、鞍上・北村宏司騎手の指示に従い、道中は鞍上のなだめに従った。

それでなくとも開催2週目の良馬場における1000m通過は61秒1と先行馬に有利な展開である。

直線に入ったキタサンブラックは前を行くミュゼエイリアンを捕えると懸命に追い出された。鞍上の指示に反応した同馬は後続を迫らせない末脚を見せて先頭ゴールイン。スプリングSに続く重賞2勝目を飾った。

菊花賞の前哨戦を楽勝したが、この馬の評価はさほど上がらなかった。まず展開が前残りで楽だったこと。得意コースの中山だったことなどもあり、本番の菊花賞で中心馬とはならなかった。二冠馬ドゥラメンテこそ出走を取りやめたが、皐月賞とダービーで先着を許したリアルスティールを筆頭に、セントライト記念とは比較にならぬ強豪が出走してくる。長距離GIにおいて母父が短距離王者というのも大きな不安だった。

前走の勝利はフロック――このような評価を受けたキタサンブラックは、菊花賞という大舞台で、こうした評価を覆す勝利を果たすことになるが、単勝配当はセントライト記念を上回る13・4倍。

「血統信ずべし、信ずべからず」という名言は、セントライト記念で頭に浮かび、菊花賞で確信に変わった。


（後藤豊）

1着	キタサンブラック	北村宏司	02:13.8
2着	ミュゼエイリアン	横山典弘	3/4
3着	ジュンツバサ	石橋脩	アタマ

重賞5

第60回 2015年12月27日

有馬記念 GⅠ

3着

キタサンブラックの新境地を切り拓いた、名手・横山典弘騎手の逃げ戦法

キタサンブラックにとって有馬記念は三度走って、3、2、1着。段階を踏み、最後に勝利した。人気も同じく、しり上がりで4、2、1番人気。もっとも低かったのが3歳時の有馬記念だ。3歳秋はセントライト記念、菊花賞を連勝して飛躍を遂げたシーズンであり、有馬記念ではその勢いを味方に初めて古馬に挑んで行った。

このレースでは主戦の北村宏司騎手がこの開催初日に負傷して長期離脱を余儀なくされ、新たに鞍上に横山典弘騎手が指名された。横山典騎手がキタサンブラックに騎乗するのはこれが最初で最後になるわけだが、そのレースぶりはこの後のキタサンブラックに大きな影響を与えることになった。

この年の古馬中距離戦線にはエイシンヒカリという強力な逃げ馬がいたが、ジャパンCと有馬記念には出走せず、どちらも逃げ馬不在の紛れやすい状況にあった。ジャパンCで番手をとったアドマイヤデウスも本来は差し脚質であり、神戸新聞杯を逃げ切ったリアファルが

押し出されるのではないかと推理されていた。

こうした状況の中、キタサンブラックは逃げの手に出た。すぐ外のリアファルが最初の3コーナーで行く構えを見せず、内からダッシュを決めたゴールドアクターも早々に押さえに入る。これらを見てとった横山典騎手は最初の4コーナー手前で少し促し、先頭に立たせた。キタサンブラックは外から先頭に立った時点で、頭を上げ、耳を立てて戸惑いの仕草を見せる。菊花賞までは前半は加減して走り、馬の後ろで我慢するよう教えられてきただけに、困惑するのも当然だ。しかし、キタサンブラックは賢く、正面スタンド前を過ぎるあたりで、逃げることを受け入れ、気分よさそうな走りに変わって行った。

正面スタンド前から向正面半ば残り1000m標識にかけて、12秒台後半のゆったりしたリズムを刻んだキタサンブラックは、スタミナを活かすように後半1000m勝負に出る。絡んでくるリアファルを12秒0－11秒9－11秒5－11秒3と巧妙にペースアップし、振り切り、後ろを早めに離しに行くも、マリアライトについて来られ、ゴールドシップがまくって来るなど、古馬勢のプレッシャーは厳しかった。最後の直線ではマリアライトとの競り合いこそ自慢のスタミナで制したものの、内で脚を溜め、外に切りかえたゴールドアクターの強襲とその後を追ってきたサウンズオブアースに屈し、3着に敗れた。敗れはしたが、この有馬記念はキタサンブラックの得意戦法を示したという意味で価値ある競馬だったと言える。

（勝木淳）

1着	ゴールドアクター	吉田隼人	02:33.0
2着	サウンズオブアース	M・デムーロ	クビ
3着	キタサンブラック	横山典弘	3/4

かつてこれほど安心して見ていられる馬がいただろうか?
先行力があり、スタミナも十分、馬場状態も選ばない。
果敢な逃げと長距離適性でライバルたちをなぎ倒す

「2000ｍは短すぎる」との見方を吹き飛ばす
中距離GⅠ大阪杯の勝利にファンは酔いしれた（2017年）。

重賞6

第60回　2016年4月3日

産経大阪杯 GⅡ

2着

名手・武豊騎手と出会い幕を開けた、キタサンブラック伝説の第2章

3歳クラシック戦線を完走、菊花賞馬として年末には有馬記念に挑み、勝ち馬ゴールドアクターと0秒1差の3着という結果を残したキタサンブラック。年明けからは休養を挟み、4歳になって最初のレースとして選んだのが、当時はまだGⅡに格付けされていた産経大阪杯だった。鞍上には、キタサンブラックにとって5人目のパートナーである武豊騎手。このあと引退まで、GⅠレース10戦を含む全12戦をともに戦うこととなる相棒との初タッグである。

この日のレースは11頭立て。頭数は多くなかったものの、前年の天皇賞（秋）や宝塚記念の覇者ラブリーデイを筆頭に、オークス馬ヌーヴォレコルト、秋華賞・ジャパンCを制して2015年の最優秀4歳以上牝馬に輝いたショウナンパンドラ、引退後種牡馬としても活躍することとなる皐月賞馬イスラボニータなど、11頭中8頭が重賞勝ち馬という豪華メンバーだった。翌年からGⅠに昇格するのも納得の顔ぶれの中、キタサンブラックは5番人気で発走の時を迎えた。

6枠7番からゲートを出たキタサンブラック。スムーズにスピードに乗って、序盤から先頭へと上がる。1馬身ほどのリードを作ってレースに入っていった。のちの天皇賞（秋）での出遅れに代表されるように、ゲートの出がライバルたちと比べてズバ抜けて良かったというわけではないキタサンブラックだが、この二の脚の速さからスッとポジションを取って折り合う操縦性の高さが、好成績を支えた大きな武器の一つだったのだろう。そしてこの一戦から、その素晴らしい先行力とレースセンスに、名手の技術と経験が加わることになる。1000mの通過タイムは61秒1。レース後に武騎手が「思い通りのレースができた」と語ったように、絶妙なペース設定でスローの展開を作り、逃げ切りへ向け体制を整えていった。

しかし、そのキタサンブラックから離れ過ぎない好ポジションを道中保ち続けていたのが、前走の有馬記念でキタサンブラックとコンビを組んでいた横山典弘騎手が騎乗する重賞馬アンビシャスだった。4コーナーを回り直線に入ると、ゴールに向かって粘り込みをはかるキタサンブラックに対し、ジリジリとその差を縮めて差し切りを狙うアンビシャス。一騎打ちの結果は、2キロの斤量差も後押ししたか、アンビシャスがクビ差前に出たところでゴールを迎えたのだった。とは言え、負けて強しの内容を見せたキタサンブラック。4歳時はここから武騎手とともにGⅠを4走、GⅡを1走の計5戦を戦い3勝、2着1回、3着1回。複勝率100%の圧倒的な走りを見せていくことになるのであった。

（岩坪泰之）

1着	アンビシャス	横山典弘	01:59.3
2着	キタサンブラック	武豊	クビ
3着	ショウナンパンドラ	池添謙一	1.1/4

重賞7

第153回　2016年5月1日

天皇賞・春GI

長距離GIを逃げ切り勝利 差してきた後続馬を差し返す根性

競走馬の目は顔のほぼ真横についており、「視界は350度」と言われている。なおかつ瞳孔は横長に開いている。正面を向いて並んでいる人間や犬、猫などの視界（180度）のほぼ倍に及んでいるのは、元来が野生動物であり、背後からの敵を察知するためだと言われている。

そして、何かを見つめる際は片方の目だけで見ているため、目線で距離感は摑めないとも言われている。人間が見えにくい位置から近づくと想像以上に驚くとされており、多くの厩務員はゆったりと近づいていている。

ライオンなどの敵に襲われたら食べられてしまう。元来が臆病であるのも、競走馬の防衛本能だと思われる。

レースでも、そうした本能が見えてくる。他馬が後方から迫りくる場合、「敵」とは見なさないにせよ、その馬にとってプレッシャーとなるのは間違いないだろう。だから逃げ馬はタレやすく、また並ばれると外の馬にあっさり交わされてしまうのだ。

このような競走馬の性を打ち破ってみせたのが、2016年の天皇賞（春）だった。スタートからハナを切ったキタサンブラックは、1コーナーで2番手を追走するヤマニンボワラクテより1馬身ほど前を走る。向正面でもこの間隔は変わらず、3コーナー手前でヤマニンボワラクテは失速。替わって上がっていったのが1番人気ゴールドアクターだった。

4ヶ月前の有馬記念で敗れたライバルがピッチを上げた際に並ばせなかったのも、鞍上の武豊騎手が「差されたらアウト」と感じていたからかもしれない。馬は記憶力も高いため、敗れた相手を覚えていても不思議ではない。

並ばれたら脚を失くす――直線でムチを入れた武騎手はゴールドアクターを並ばせないどころか寄せ付けない。

次の瞬間、前年3着だったカレンミロティックが最後に襲い掛かってきた。最後の敵はキタサンブラックの直後につけ、じっと溜めてきた脚をスパートさせると、残り100mで同馬を交わした。

先頭をキープしてきたことでスタミナは大幅にロスしている。その上、外から並ばれるプレッシャーも加わってくる。

「負けた！」と多くのファンが感じた直後、驚くシーンを目にした。

内で粘ったキタサンブラックがカレンミロティックを交わさせず、ラストのスタミナを駆使してハナ差で粘り切ったのだ。

先頭を走った馬が直線で後続馬に外から詰め寄られた場合、10頭中8頭ほどは「外からの圧力」に屈してしまう。スタミナを使い果たして末脚が持続しないからだ。

しかしキタサンブラックは二の脚、いや三の脚を使ってみせた。ものすごいタフネスぶりであり、勝負根性である。

23年のレースで連覇を狙ったGⅠ3勝馬タイトルホルダーが道中で競走を中止したのも、同馬を2番手から追走したアイアンバローズらに、長い時間にわたってプレッシャーをかけられたことと無関係ではない気がする。

馬は臆病だからこそ集団で生活する。この本能があるからこそ、競馬という競技は成り立っているのである。

長距離戦を制するにはスタミナに加えて「頑丈さ」「タフな精神力」も必須条件。生涯で一度も故障せず、どんな馬がやってきてもあきらめずに走り続けた点こそ、キタサンブラックの本当の偉大さだと感じている。

（後藤豊）

2016年5月1日

第153回 天皇賞・春GI

京都　芝右　3200m　4歳以上オープン　晴　良

レース結果

着順	枠番	馬番	馬名	性齢	斤量	騎手	タイム	着差	人気
1	1	1	キタサンブラック	牡4	58	武豊	03:15.3		2
2	2	3	カレンミロティック	セ8	58	池添謙一	03:15.3	ハナ	13
3	4	8	シュヴァルグラン	牡4	58	福永祐一	03:15.5	1.1/4	3
4	6	11	タンタアレグリア	牡4	58	蛯名正義	03:15.6	1/2	10
5	5	9	トーホウジャッカル	牡5	58	酒井学	03:15.6	クビ	7
6	5	10	アルバート	牡5	58	C・ルメール	03:15.8	1.1/4	6
7	4	7	ファタモルガーナ	セ8	58	内田博幸	03:15.8	ハナ	16
8	3	5	フェイムゲーム	牡6	58	H・ボウマン	03:15.8	クビ	4
9	3	6	アドマイヤデウス	牡5	58	岩田康誠	03:15.9	クビ	11
10	8	18	レーヴミストラル	牡4	58	川田将雅	03:16.0	1/2	8
11	7	14	サトノノブレス	牡6	58	和田竜二	03:16.0	クビ	12
12	8	17	ゴールドアクター	牡5	58	吉田隼人	03:16.1	1/2	1
13	1	2	トゥインクル	牡5	58	勝浦正樹	03:17.1	6	9
14	8	16	ファントムライト	牡7	58	三浦皇成	03:17.7	3.1/2	15
15	7	15	サウンズオブアース	牡5	58	藤岡佑介	03:18.5	5	5
16	7	13	マイネルメダリスト	牡8	58	柴田大知	03:18.5	クビ	18
17	6	12	ヤマニンボワラクテ	セ5	58	丸山元気	03:18.8	1.3/4	17
18	2	4	トーセンレーヴ	牡8	58	武幸四郎	03:19.4	3.1/2	14

重賞8

第57回 2016年6月26日

宝塚記念 GI

3着

ライバル・ドゥラメンテとの激走 鬼脚を見せた牝馬マリアライト

天皇賞（春）で菊花賞に続くGＩ2勝目を挙げたキタサンブラックは宝塚記念に出走した。このレースには二冠馬ドゥラメンテも出走しており、皐月賞とダービーで敗れた同馬との三度目の対決も見どころの一つだった。

キタサンブラックにとって最大のライバルはダービー後に軽度の骨折が判明、手術を施されたことで菊花賞や凱旋門賞の出走を取りやめ休養に入った。4歳初戦の中山記念を制すると、ドバイシーマクラシックで2着に惜敗した直後だった。

ドゥラメンテ不在における菊花賞制覇は、真の意味でトップホースとは言えない。同馬を破ることも目標の一つだった。

馬場状態は稍重で時計のかかるコース。ハナを切ったキタサンブラックに対しライバルのドゥラメンテは後方13番手に控えており、両馬は対照的な展開でレースを進める。2頭の間にはダービー馬ワンアンドオンリーや菊花賞馬トーホウジャッカル、天皇賞馬ラブリーデイら実績のある先輩ホースがひしめいている。

キタサンブラックは1000mを59秒1で通過した。やや速いペースにも感じられ、場内からはどよめきが起きた。

4コーナーを楽な手応えで通過したキタサンブラックは直線でギアを上げた。ドゥラメンテは5馬身ほど後方で前が壁になっている。「粘るか、それとも…」と感じた次の瞬間、ドゥラメンテとの間に位置した牝馬マリアライトが鬼のような末脚でキタサンブラックに迫る。ゴール直前でキタサンブラックを交わすと先頭でゴールイン。外から強襲してきたドゥラメンテがキタサンブラックを交わして2着に入った。

「前門の虎を交わして後門の狼を寄せ付けない」――まさにこんなレースとなった。

先行馬が総崩れの中、ハナを切ったキタサンブラックの粘り脚。同馬をゴール前できっちりと交わしたドゥラメンテの鬼脚。強豪2頭を破ったマリアライトの一瞬の仕掛けなど、このレースにはいくつもの驚きがあった。

ドゥラメンテはこのレース後に左前肢を跛行《はこう》、競走能力を喪失して引退した。対ドゥラメンテ3連敗となったキタサンブラックは、秋にジャパンCを制して年度代表馬となったが、仮にドゥラメンテが無事だったら、どのようなレースが見られただろうか。

（小川隆行）

1着	マリアライト	蛯名正義	02:12.8
2着	ドゥラメンテ	M・デムーロ	クビ
3着	キタサンブラック	武豊	ハナ

重賞9

第51回　2016年10月10日

京都大賞典 GⅡ

「逃げ」のイメージから「逃げて差す」競馬へ、キタサンブラックの本格化を感じさせた一戦

その昔、アジア圏で初となるスポーツの祭典オリンピックが東京で開かれた日、キタサンブラックは菊・春の盾を射止めた淀のターフへ、1・8倍という断然の支持を受けて舞い戻ってきた。淀の舞台では2戦2勝、3歳時から競り合い、鎬《しのぎ》を削りあった相手は時代を担うスーパーホースたちである。そして鞍上は、淀を庭とする武豊騎手。12戦目にして初の1番人気とはいえ、実績を考えればこの圧倒的な人気が集まるのも何ら不思議ではなかった。

しかし、10頭立ての少頭数とはいえ、2番人気ラブリーデイはGⅠ2勝のグランプリホース。続く3番人気サウンズオブアースには前年の有馬記念で先着を許している。さらに逃げて連勝してきたヤマカツライデン、常に重賞戦線で一線級を張るラストインパクトらも出走していたように、一瞬の隙すら見せることを許さないメンバーが集まっていた。加えて、休み明けに見せた激闘の反動があるのではという一抹の不安——その中で求められる結果は「勝利」ただ一つ。端から見れば相当な重圧に映ることに違いないだろう。

だが、そんな不安は所詮、杞憂に過ぎなかった。

ゲートが開き、ヤマカツライデンがハナを叩く。年明けから全てのレースで先頭を取ってきたキタサンブラックが初めて先頭を明け渡し、番手から先頭を見る流れとなった。まばらな馬群の1000m通過は62秒と緩いペース。痺れを切らしたラブリーデイ、ラストインパクトが3コーナーでやや口を割るシーンを見せても、王者は至極冷静に淀の坂を下った。そして仕掛けどころ、レースピッチが上がったその刹那《せつな》、キタサンブラックにエンジンが点火。馬なりのままヤマカツライデンを捉えて単独先頭に躍り出た。

——瞬間、武騎手がラチ沿いを締め、間を狙うアドマイヤデウスの追撃を封じ、ラブリーデイ、ラストインパクトの追い出しも遅らせる。天才の魅せる技が瞬く間に1馬身の差を作り上げ、王者には十分すぎるセーフティーリードを確保した。そのまま3頭の追撃を封じ込め、余裕綽々《しゃくしゃく》のクビ差勝利。レース前に囁かれた微《かす》かな不安など、まとめて払拭する快勝劇だった。武騎手は「後ろが来たらまた伸びそうだと思っていました。着差はなくても完勝と言える」と相棒を讃え、この後の大舞台への期待をのぞかせた。

この春まで多かった「逃げ」のイメージから、一度抜け出すと最後まで先頭を譲らず、後ろが迫ればまた突き放す、いわゆる「逃げて差す」競馬へ。キタサンブラックがそのスタイルを身に付けたのは、思い返せばこの京都大賞典からではないだろうか。

（小早川涼風）

1着	**キタサンブラック**	武豊	02:25.5
2着	**アドマイヤデウス**	岩田康誠	クビ
3着	**ラブリーデイ**	C・ルメール	3/4

重賞10

第61回　2016年12月25日

有馬記念 GI

2キロ差が勝負の分かれ目…菊花賞馬のワンツーフィニッシュ

2着

前走でジャパンCを制しGI3勝目を挙げたキタサンブラックは、4歳秋3戦目、有馬記念に出走した。ファン投票で13万票を集め1位で選出されたが、1番人気は1世代下の強力なライバルに持っていかれた。

サトノダイヤモンド。皐月賞3着、日本ダービー2着を経て菊花賞を優勝。キタサンブラックと同じ菊花賞馬ではあるが、日本ダービーで大崩れしなかった点が異なった。単勝オッズはサトノダイヤモンドが2・6倍、キタサンブラックは2・7倍と僅差であった通り、レースは2頭の一騎討ちとなった。

最内枠から好スタートを切ったキタサンブラックはハナを切ったマルターズアポジーの2番手でレースを進めた。直後に前年の優勝馬ゴールドアクターがマークする形。4〜5頭ほど後ろにサトノダイヤモンドがつけた。

前半1000m通過は61秒。マルターズアポジーから3馬身ほど後ろで向正面に入った際、サトノダイヤモンドは早くも3番手につけた。鞍上のC・ルメール騎手にとって、ほかの馬は眼中になかったのだろう。

3コーナーを過ぎてマルターズアポジーとの差を詰めたキタサンブラックは直線入り口で早くも先頭に立った。すぐ横にゴールドアクター、さらにサトノダイヤモンドと人気馬3頭が直線で叩き合った。最内のキタサンブラックに迫るゴールドアクターの脚色が鈍った次の瞬間、外からサトノダイヤモンドが強烈な脚を見せ、クビ差でキタサンブラックを差し切った。

「勝負の分かれ目は斤量差」――レース後に感じた勝敗の要因である。古馬のキタサンブラックが57キロを背負ったのに対し、3歳サトノダイヤモンドは55キロ。仮に2頭が同じ斤量だったら、キタサンブラックはサトノダイヤモンドに負けなかっただろう。

有馬記念における菊花賞馬同士のワンツーフィニッシュは、1985年のシンボリルドルフ&ミホシンザン以来31年ぶり。キタサンブラックにとって有馬記念は3着→2着→1着と翌年の引退レースでグランプリ初制覇をして見せた。

ちなみに有馬記念3年連続出走で3年とも馬券圏内に入った馬は、スピードシンボリ、カネミノブ、アンバーシャダイ、ナイスネイチャ、ゴールドシップ、キタサンブラックの6頭である。

（後藤豊）

1着	**サトノダイヤモンド**	C・ルメール	02:32.6
2着	**キタサンブラック**	武豊	クビ
3着	**ゴールドアクター**	吉田隼人	1/2

重賞11

第61回 2017年4月2日

大阪杯 GⅠ

GⅠに生まれ変わった伝統の中距離戦でその後の躍進を確信させる勝利

2017年、競馬界には一つの変革が起きていた。それは4月上旬、これまで高松宮記念と桜花賞の間に行われていた産経大阪杯が、従来のGⅡからGⅠにグレードアップするというもの。これにより、6月の安田記念、宝塚記念を目標とすることが主だった中距離路線の競走馬の選択肢が格段に広がり、春の中距離王者決定戦としてのレースに位置付けられた。同時に天皇賞（春）、宝塚記念を含めた「春古馬三冠」の指定競走としても確立したこの大阪杯に、キタサンブラックは威風堂々出走してきた。

5歳になったキタサンブラックは、競走馬として完全に円熟期を迎えていた。前年からコンビを組んだ武豊騎手とは、最早阿吽《あうん》の呼吸と呼ばれるほどの黄金コンビ。レーススタイルも、父の弟が見せたような衝撃や、かの黄金の三冠馬や芦毛の牡馬が見せるような派手さはないものの、好位から確実に伸びて後続の追撃を封じ、最後はきっちり1着でゴール坂を駆け抜ける、いわゆる「横綱相撲」。天皇賞（春）、ジャパンCを制し、宝塚記念、有馬記念ともに各世代の頂点格と鎬を削った彼は、間違いなく当時の競馬界を背負って立つ存在に押し上げられていた。

そんな中、グランプリで死闘を繰り広げたサトノダイヤモンドが既に始動戦の阪神大賞典を快勝し、天皇賞（春）への出走を表明。キタサンブラックも大阪杯後は天皇賞（春）への出走が予定されており、再びの激突がほぼ確定していた。相まみえるその時まで、負けるわけにはいかない――。そんな心持ちでレースの時を迎えていたであろう。だが、王者に挑戦する各馬も相当な実力者。日本ダービーでサトノダイヤモンドを下し、ニエル賞（仏・GⅡ）も制した1世代下の実力馬マカヒキ、暮れの香港で時の欧州最強格ハイランドリールを差し切った同世代のサトノクラウンと2頭のGⅠ馬が顔を揃え、前哨戦を快勝したヤマカツエース、前年キタサンブラックを下したアンビシャスも出走。サトノダイヤモンドに挑む前に、まずは俺たちを倒してみろ――。そう言いたげなメンバーの下、新・大阪杯は、スタートが切られた。

ゲートが開くと、やはり快速マルターズアポジーがレースを引っ張る。武騎手とキタサンブラックは3番手に控え、追い出すタイミングを窺う。マークするような形でサトノクラウンが4、5番手を追走し、ダービー馬マカヒキ、充実期ヤマカツエースは中団で淀みなくレースが進む。道中、飛ばすマルターズアポジーのリードは5馬身から6馬身。1000m通過も59秒6と、決して速くない流れ。3、4コーナー中間、堰を切ったように後続の各馬が仕掛け、レースピッチは上がってゆく。ここまでキタサンブラックをやや後ろから見てきたサトノクラウンは外に出し、マカヒキはダービーの再現を狙うかのように大外へ。アンビシャス、ヤマカツエースもポジションを上げ、先行集団に追いつこうと仕掛け始める。

しかし、彼らが追い出しても、キタサンブラックの手綱は動かない。激しくなる後続各馬のアクションとは対照的に静かなままだった武騎手の背中がやっと動いたのは、4コーナーを回る直前だった。

瞬間、前を行くマルターズアポジーとの差は、1馬身弱まで詰まっていた。

直線、逃げるマルターズアポジーとの脚色の違いは一目瞭然。右ムチが入るとそのまま先頭に立ち、後続を突き放す。迫るステファノスとの間隔は1馬身ほど。坂の上りで迫ってきたサトノクラウンらとの差も2馬身あるかないか。この数字だけ見れば、すぐにでも入れ替わりそうな差。だが、彼には十分すぎるセーフティーリード。追撃に合わせて、何度でも末脚に火が点く。しなやかで柔らかい、美しいフォームの追いに合わせて、鹿毛の馬体は躍動する。もう、間違いなく抜かされない。

5歳初戦の始動戦、着差以上の強さを見せつけて初代王者に輝いた彼は、この後さらなる強さを見せてくれるのではないか。我々のその予感が正しかったことは、次走、天皇賞（春）で証明されることとなる。

（小早川涼風）

2017年4月2日

第61回 大阪杯GI

阪神　芝右2000m　4歳以上オープン　晴　良

レース結果

着順	枠番	馬番	馬名	性齢	斤量	騎手	タイム	着差	人気
1	4	5	キタサンブラック	牡5	57	武豊	01:58.9		1
2	3	4	ステファノス	牡6	57	川田将雅	01:59.0	3/4	7
3	8	13	ヤマカツエース	牡5	57	池添謙一	01:59.1	1/2	4
4	8	14	マカヒキ	牡4	57	C・ルメール	01:59.3	1.1/2	2
5	7	12	アンビシャス	牡5	57	福永祐一	01:59.3	アタマ	5
6	5	7	サトノクラウン	牡5	57	M・デムーロ	01:59.3	ハナ	3
7	1	1	ミッキーロケット	牡4	57	和田竜二	01:59.4	1/2	6
8	6	10	モンドインテロ	牡5	57	内田博幸	01:59.8	2.1/2	11
9	2	2	アングライフェン	牡5	57	岩田康誠	02:00.0	1.1/4	14
10	6	9	ディサイファ	牡8	57	四位洋文	02:00.1	1/2	13
11	3	3	スズカデヴィアス	牡6	57	藤岡佑介	02:00.3	1.1/2	12
12	7	11	マルターズアポジー	牡5	57	武士沢友治	02:00.4	1/2	8
13	4	6	サクラアンプルール	牡6	57	横山典弘	02:00.9	3	9
14	5	8	ロードヴァンドール	牡4	57	太宰啓介	02:01.4	3	10

重賞12

第58回　2017年6月25日

宝塚記念 GI

春古馬三冠リーチで挑むも大惨敗を喫した道悪のグランプリ

9着

単勝1・4倍――これが2017年に行われた第58回宝塚記念における、キタサンブラックのオッズである。ちなみに2番人気のシャケトラが8・5倍。勝った3番人気のサトノクラウンが9倍ちょうどで、文字通り断トツの1番人気である。いかにキタサンブラックが多くの支持を受けていたのかは、この数字が物語っている。

レースは、先頭を走るシュヴァルグランに対しシャケトラと並走して2番手に付けるも背後には、これまでの重賞5勝のうち3勝が道悪という重馬場巧者のサトノクラウンがピッタリとマークする展開。そして、最後の直線に入ると伸びないキタサンブラックに対して馬場の真ん中あたりに進路を取ったサトノクラウンが見事に差し切り勝利を収めた。一方のキタサンブラックはファンの期待とは裏腹に王者の走りを見せつけることができず、誰もが目を疑う結果に。それも、日本ダービー以来となる掲示板を外すほどの大敗である。

敗因はいくつか考えられた。前日に降った雨の影響、目に見えない疲れ、馬体重増、そして調教のオーバーワーク等々。ただ、これればかりは考えても馬が答えてくれるわけではないのでわからない。鞍上の武豊騎手はいつも通り先行集団に付けて最後の直線に入るといち早く抜け出し、誰もが勝ったと思うほどの完璧なレース運びだった――にもかかわらず失速しながら馬群の中に沈み、いつもの力強いキタサンブラックの走りを見ることができなかったのだ。

それまで天皇賞（春）から宝塚記念と連勝したのは、古くはイナリワン、タマモクロスにビワハヤヒデ、00年以降はテイエムオペラオーにヒシミラクル、ディープインパクトのわずか6頭しかいなかった。しかもこの6頭が連勝した時は、まだ大阪杯がGIに格上げされていない時代である。そして、大阪杯がGIに格上げされた17年以降は春古馬三冠と定義付けされた。キタサンブラックは、定義付け初年度にして史上初となる春古馬三冠に挑戦しリーチをかけたが、阪神の内回り2000m↓京都の外回り3200m↓阪神の内回り2200mを走破することを考えると、いくらキタサンブラックとはいえ、このローテーションは相当にキツいものだったのかも知れない。

しかし、悪夢の宝塚記念から休養を経て、同じ道悪となった次走の天皇賞（秋）、引退レースの有馬記念ではサトノクラウンにリベンジを果たす走りを見せてくれた。やはりキタサンブラックは王者に相応しい名馬だったのである。

（真実良）

1着	**サトノクラウン**	M・デムーロ	02:11.4
2着	**ゴールドアクター**	横山典弘	3/4
3着	**ミッキークイーン**	浜中俊	1.1/2

重賞13

第37回 2017年11月26日

ジャパンカップGI 3着

直線で判明した「落鉄」「負けて強し」との印象も…

天皇賞（秋）で出遅れ11番手からの競馬となるも、武豊騎手の絶妙な騎乗でGI6勝目を挙げたキタサンブラック。秋2戦目のジャパンCは前年に逃げ切っており、ジェンティルドンナ以来となる連覇を懸けて出走してきた。不良馬場だった前走の疲労も懸念されたが、4番枠から先頭に立つとマイペースでレースを進める。

前半1000mを60秒2で通過すると、4コーナーを過ぎても武騎手は手綱を持ったまま。最多タイとなる芝GI7勝目まで残り300mの地点で武騎手が追い出すも、それまでのような伸びが見られない。5番手を進んだシュヴァルグランと3歳馬レイデオロに交わされ3着に終わった。

勝ったシュヴァルグランはGI初制覇。勝ちタイム2分23秒7は前年のキタサンブラックの勝ち時計2分25秒8を2秒近く上回ったが、キタサンブラック自身も2分23秒9という走破時計で3着をキープした。

レース後、伸びない愛馬に違和感を覚えた武騎手が「落鉄してない？」と陣営に尋ねると、左前脚の蹄鉄が失われていたことが判明。直線に入り「勝った」と思わせるも、伸びなかった要因の一つと報じられた。ちなみに落鉄した地点はわからなかったそうだ。

落鉄で走るとどのような影響が及ぶのか。科学的データは明らかにされていないが、人間に置き換えると「陸上選手がスパイクを履かずに走るようなもの」だと言われる。スパイクを履くと地面からの反動を受けにくく速く走れる、という意見もあれば、「スパイクを履かない分、脚が軽くなり速く走れる」との見方もある。

競走馬の場合は「脚が滑る」との感覚になるとも言われるが、ともあれ、レース結果に及ぼす影響は定かにされておらず、落鉄＝直接的な敗因とする認識は正しくない。

現にキタサンブラックは2頭より後続の馬に抜かれず3着をキープ。「負けて強し」との印象を感じさせた。

直接的な敗因でないにせよ、キタサンブラックにとって100％の状態でなかったことだけは確かである。もしも勝っていたら、秋古馬三冠完全制覇に加えてＧＩ8勝の歴代最多勝馬となっていた。

勝負事にたらればは禁物だが、返す返すも惜しい結果だった。

（後藤豊）

1着	**シュヴァルグラン**	H・ボウマン	02:23.7
2着	**レイデオロ**	C・ルメール	1.1/4
3着	**キタサンブラック**	武豊	クビ

	斤量	タイム	通過順	上がり	馬体重	勝ち馬(2着馬)
	56	01:52.3	9-9-11	34.2	510	(ミッキージョイ)
	56	02:01.4	2-2-2	34.7	504	(サトノラーゼン)
	56	01:49.1	2-2-2-1	34.4	504	(リアルスティール)
	57	01:58.8	2-2-2-2	35.2	510	ドゥラメンテ
	57	02:25.5	2-2-2-2	36.8	520	ドゥラメンテ
	56	02:13.8	2-2-2-1	34.9	532	(ミュゼエイリアン)
	57	03:03.9	5-5-10-8	35	530	(リアルスティール)
	55	02:33.1	1-1-1-1	35.1	526	ゴールドアクター
	58	01:59.3	1-1-1-1	33.6	524	アンビシャス
	58	03:15.3	1-1-1-1	35	524	(カレンミロティック)
	58	02:12.8	1-1-1-1	36.8	536	マリアライト
	58	02:25.5	2-2-2-2	33.6	538	(アドマイヤデウス)
	57	02:25.8	1-1-1-1	34.7	536	(サウンズオブアース)
	57	02:32.6	2-2-2-2	35.8	536	サトノダイヤモンド
	57	01:58.9	4-3-3-2	34.3	540	(ステファノス)
	58	03:12.5	2-2-2-1	35.3	536	(シュヴァルグラン)
	58	02:12.7	3-3-2-2	36.9	542	サトノクラウン
	58	02:08.3	11-5-2	38.5	542	(サトノクラウン)
	57	02:23.9	1-1-1-1	35.3	542	シュヴァルグラン
	57	02:33.6	1-1-1-1	35.2	540	(クイーンズリング)

キタサンブラック全成績

年月日	競馬場	レース名	距離・天気	単勝	人気	着順	騎手
2015/1/31	東京	3歳新馬	芝1800稍	7.9	3	1	後藤浩輝
2015/2/22	東京	3歳500万下	芝2000良	48.4	9	1	北村宏司
2015/3/22	中山	スプリングS (GII)	芝1800良	12.3	5	1	北村宏司
2015/4/19	中山	皐月賞 (GI)	芝2000良	9.7	4	3	浜中俊
2015/5/31	東京	日本ダービー (GI)	芝2400良	20.7	6	14	北村宏司
2015/9/21	中山	セントライト記念 (GII)	芝2200良	12.5	6	1	北村宏司
2015/10/25	京都	菊花賞 (GI)	芝3000良	13.4	5	1	北村宏司
2015/12/27	中山	有馬記念 (GI)	芝2500良	8.4	4	3	横山典弘
2016/4/3	阪神	産経大阪杯 (GII)	芝2000良	6.2	5	2	武豊
2016/5/1	京都	天皇賞(春) (GI)	芝3200良	4.5	2	1	武豊
2016/6/26	阪神	宝塚記念 (GI)	芝2200稍	5	2	3	武豊
2016/10/10	京都	京都大賞典 (GII)	芝2400良	1.8	1	1	武豊
2016/11/27	東京	ジャパンC (GI)	芝2400良	3.8	1	1	武豊
2016/12/25	中山	有馬記念 (GI)	芝2500良	2.7	2	2	武豊
2017/4/2	阪神	大阪杯 (GI)	芝2000良	2.4	1	1	武豊
2017/4/30	京都	天皇賞(春) (GI)	芝3200良	2.2	1	1	武豊
2017/6/25	阪神	宝塚記念 (GI)	芝2200稍	1.4	1	9	武豊
2017/10/29	東京	天皇賞(秋) (GI)	芝2000不	3.1	1	1	武豊
2017/11/26	東京	ジャパンC (GI)	芝2400良	2.1	1	3	武豊
2017/12/24	中山	有馬記念 (GI)	芝2500良	1.9	1	1	武豊

第二部 同時代ライバルと一族の名馬たち

同世代に存在したとてつもなく強い馬とは？
雨中の激闘、リベンジ、復権はいかになされたか。
ライバルたちの蹄跡とともに振り返る

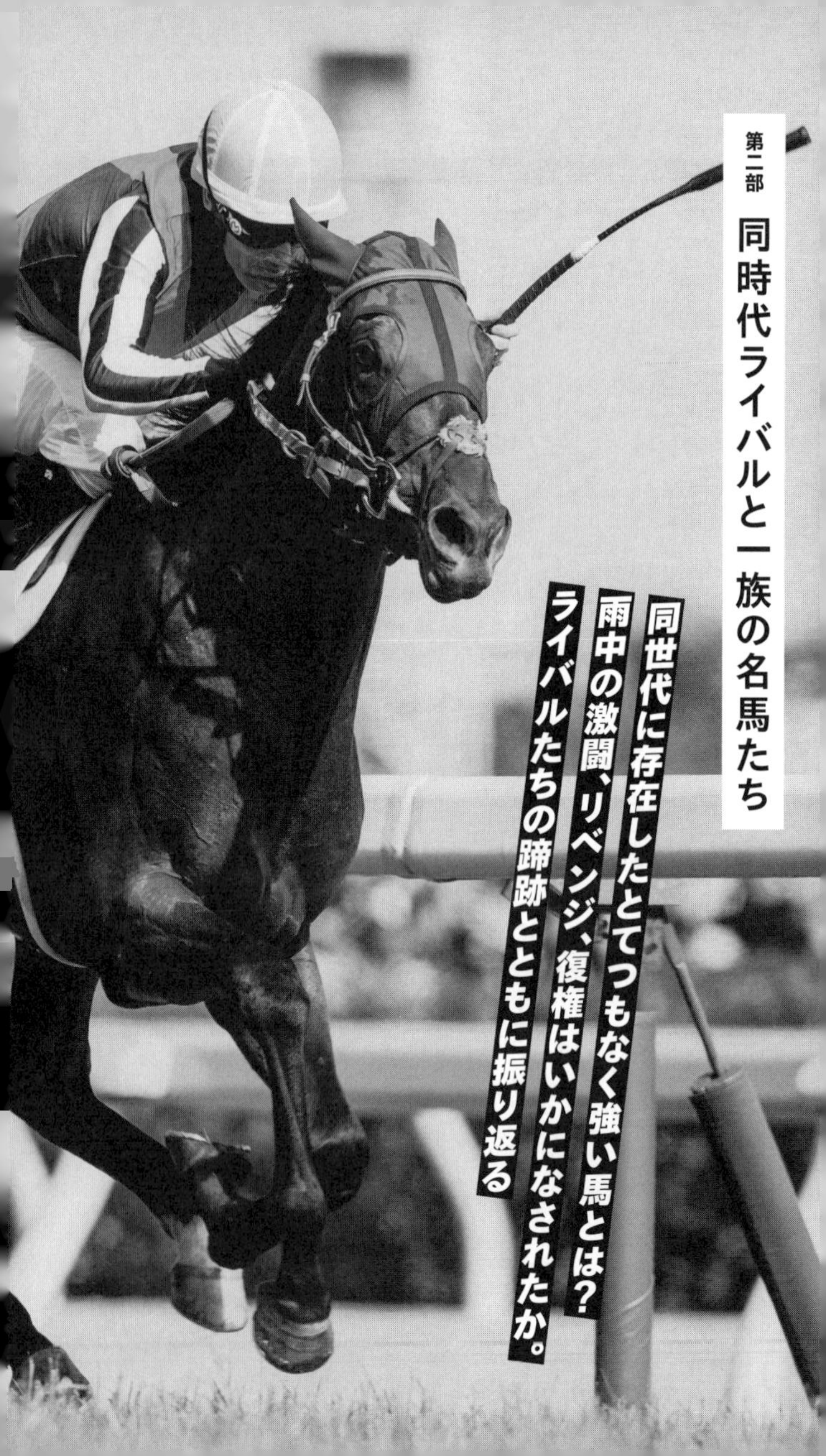

14着に敗れたダービーゴール前。優勝馬ドゥラメンテ（右）の独走状態に…。

同時代ライバル

ドゥラメンテ

多くの「もしも」を感じさせた、キタサンブラック同期の良血二冠馬

競馬の世界は、「もしも」という言葉で溢れている。大欅《おおけやき》の向こう側からサイレンススズカが帰ってくる。世紀の出遅れを免れたゴールドシップが、3連覇目がけ、まくってくる。そんな「もしも」の光景に思いを馳せてしまうのは、競馬ファンの性《さが》と言うべきか。

ドゥラメンテは、この「もしも」と縁深い二冠馬だった。破壊的な末脚で直線をぶち抜いていく姿はその名の通り〝荒々しく〟競馬ファンの心を揺さぶった。三度あったキタサンブラックとの対戦はいずれもドゥラメンテが先着。キタサンブラックの本格化を待たずにターフを去り、2021年8月31日、急性大腸炎によりわずか9年でその生涯を閉じた。

2頭が初めて相まみえたのは、15年の皐月賞だった。おだやかな気性と優れた先行力で順調に勝ち上がってきたキタサンブラックとは正反対に、ドゥラメンテは気性の難しさを抱えていた。レースに集中できず新馬戦と共同通信杯を取りこぼす。ドゥラメンテの牝系であるダイナカール一族の血は、勝負強さをもたらす反面、気性にも影響を及ぼす。有り余る闘争

心を抑え直線で末脚を解放できてこそ、ドゥラメンテの真価が発揮される。

レース後半、第4コーナーを先に回ったのはキタサンブラックだった。2番手から逃げ馬を捕まえると同時に、上がってきたリアルスティールとの激闘を開始する。ドゥラメンテもいよいよコーナーに差しかかるが、突然、鉄砲玉のように大外に弾け飛んだ。勝負を捨ててもおかしくない距離だが、ドゥラメンテは諦めない。体勢を瞬時に立て直し、残り1ハロンを一気に駆け上がる。勝つための競馬をしていたキタサンブラックとリアルスティールを飲み込むのには、数秒あれば十分だった。

この年のクラシックの幕開けは多くの競馬ファンに衝撃を与えた。2戦目の日本ダービーにおいても、ドゥラメンテは直線中央から抜け出し、堂々と二冠を達成してしまう。しかも父キングカメハメハ、さらにディープインパクトが持つダービーレコードを更新してしまうのだから、成長途中のキタサンブラックに付け入る余地はない。この時キタサンブラックは14着。菊花賞でのリベンジを誓い、運命の秋を迎える。

しかし、淀の舞台にドゥラメンテの姿はなかった。放牧先で骨折が判明、凱旋門賞はもとより三冠達成すら幻となった。主役不在の中、キタサンブラックは最後の一冠を手にする。もしも、この直線にドゥラメンテがいたのなら——。「強い馬が勝つ」と言われる菊花賞の舞台で、勝利の女神はどちらに微笑んだのだろう。真に強い競走馬はいったいどちらなのかと直接対決を望む声は大きくなり、16年、宝塚記念で答え合わせが実現した。稍重の馬場を渾身のペースで逃げるキタサンブラック。古馬王道路線で力をつけファン投票で1位を獲得した同馬は、因縁の対決を制するため直線でリードを広げる。この状態をドゥラメンテが黙っているはずがない。見据えているのは凱旋門賞の頂点、こんなところで立ち止まっていられない。前方ではキタサンブラックが牝馬のマリアライトに並びかけられている。ならば2頭ごと抜き去るだけだ。ゴール前の3頭の攻防に、観衆は息を飲んだ。1着マリアライト、2着ドゥラメンテ。3着キタサンブラック。3歳クラシックでは何馬身もあったドゥラメンテとキタサンブラックの実力差は、今やハナ差というところまで来ていた。

入線後、ドゥラメンテは馬場の悪いところで躓《つまず》いて故障を発生。そのまま引退、種牡馬入りとなった。「もしも」この故障がなければ、ドゥラメンテは再びキタサンブラックと激突し名勝負を繰り広げたことだろう。その数年後、次は産駒たちの戦いが開始される。ドゥラメンテが獲得できなかった最後の一冠は、初年度産駒のタイトルホルダーが獲得。リラックスして逃げ切る姿は、奇妙なことにキタサンブラックによく似ていた。そしてキタサンブラック産駒のソールオリエンスは、大外から強烈な末脚を使い、23年の皐月賞を差し切り勝ち。その規格外の勝ち方に、瞬間、今は亡きドゥラメンテの面影を見た。「もしも」ドゥラメンテがまだ生きていたならば…この不思議な因果に何を思うだろう。

(吉田梓)

ドゥラメンテ

生年月日 2012年3月22日
血統 (父)キングカメハメハ
(母)アドマイヤグルーヴ
(母父)サンデーサイレンス
調教師 堀宣行(美浦)

獲得賞金 5億1660万円
通算成績 9戦5勝[5-4-0-0]
主な勝鞍 日本ダービー　皐月賞　中山記念

全成績

年月日	競馬場	レース名	距離	人気	着順	騎手	タイム	馬体重	勝ち馬(2着馬)
2014/10/12	東京	2歳新馬	芝1800良	1	2	F・ベリー	01:48.9	480	ラブユアマン
2014/11/8	東京	2歳未勝利	芝1800良	1	1	R・ムーア	01:47.5	474	(ショウナンハルカス)
2015/2/1	東京	セントポーリア賞(500万下)	芝1800良	1	1	石橋脩	01:46.9	488	(ウェルブレッド)
2015/2/15	東京	共同通信杯(GIII)	芝1800良	1	2	石橋脩	01:47.2	488	リアルスティール
2015/4/19	中山	皐月賞(GI)	芝2000良	3	1	M・デムーロ	01:58.2	486	(リアルスティール)
2015/5/31	東京	日本ダービー(GI)	芝2400良	1	1	M・デムーロ	02:23.2	484	(サトノラーゼン)
2016/2/28	中山	中山記念(GII)	芝1800良	1	1	M・デムーロ	01:45.9	502	(アンビシャス)
2016/3/26	UAE	ドバイシーマクラシック(GI)	芝2410良	3	2	M・デムーロ		計不	Postponed
2016/6/26	阪神	宝塚記念(GI)	芝2200稍	1	2	M・デムーロ	02:12.8	498	マリアライト

同時代ライバル

サトノダイヤモンド

21世紀のグッドルッキングホース キタサンとの激闘後、落とした能力

ディープインパクト産駒の中でもひときわ目立つ美しい馬体の持ち主であり、セレクトセールでは2億4000万円という高額で取引されたサトノダイヤモンド。デビュー戦で2馬身半、2戦目も3馬身半、3戦目のきさらぎ賞でも3馬身半差をつけて無傷の3連勝。「今年のクラシックの中心馬」として話題を集め、2016年の皐月賞に出走。1番人気に支持された通り直線では勝利の見える脚色だったが、先頭を走るリオンディーズが左に斜行、その影響を受けたエアスピネルに前を塞《ふさ》がれ、伸び始めた脚色が止まった。その間隙を縫うように、外から鋭い脚で突っ込んできたディーマジェスティに及ばず3着。「あれがなければ恐らく勝っていた」と思わせる痛恨の展開に見舞われた。

続く日本ダービーでは直線で一騎打ち、2頭が並んでゴールイン。どちらが勝ったか、と思わせるもハナ差でマカヒキに軍配が上がり、サトノは惜しい2着に敗れた。

秋初戦の神戸新聞杯で余裕の勝利を飾ると、迎えた菊花賞は、それまでの鬱憤を晴らす見

事な勝利となった。ハナを切るミライヘノツバサや2番手エアスピネルらを見据える後方8番手に控え、3コーナーを過ぎて少しずつ進出を始める。直線を迎えた際、すぐ外を走る皐月賞馬ディーマジェスティとの手ごたえは如実に違っていた。同馬が必死に追い続ける中、サトノは余裕で先頭に立つ圧勝。皐月賞とダービーの悔しさを晴らしてみせた。

続く有馬記念でもキタサンブラックを破りGⅠを連覇。年度代表馬こそキタサンブラックに譲ったが、有馬記念の勝利が評価され最優秀3歳牡馬に選出された。

3歳までは能力を出せていたが、4歳以降の同馬は、あるレースを境に能力を発揮できないまま競走人生を終えてしまった。

競走馬には「あるレースが契機で能力を落とす」ことがままある。例えば、オークスまで6戦5勝だったソウルスターリングは秋初戦の毎日王冠で敗れると、その後12戦未勝利に終わった。ダービー馬ワグネリアンも秋初戦の神戸新聞杯を勝って以降、10戦して勝ち星なし。サトノダイヤモンドの場合は「4歳春の天皇賞」だった。前年の有馬記念で激闘を繰り広げたキタサンブラックとの再戦にファンは大注目したが、両馬の結果と、その後の馬生は大きく明暗がわかれてしまった。

菊花賞と有馬記念を連覇して迎えた4歳春、阪神大賞典を完勝して迎えた天皇賞。大外17番からハナを切ったヤマカツライデンが前半1000m58秒3という超絶なハイペースで逃げた。さすがに速すぎる、と感じたキタサンブラックは同馬に付いていかず離れた2番手。これを目にしたサトノはさらに後方の7番手からレースを進めた。ヤマカツライデンの脚が止まった直後、キタサンブラックは追い出さず余裕の手応えで直線を迎えた。3馬身ほど後方で直線を迎えたサトノの鞍上C・ルメールは追い出し始めたが、2頭の手応えははっきりと異なり、3着に入るのが精一杯。4ヶ月前の有馬記念とはまるで違う脚色だった。

このレースまで3着を外したことがなかったサトノは、秋に凱旋門賞出走でフランスに渡るも前哨戦のフォワ賞で6頭立ての4着に敗れると本番の凱旋門賞では15着大敗。天皇賞以降8走するも1着1回、3着1回、残り6走は4着以下。GIを2勝した能力は影を潜めてしまった。

ここからは想像だが、サトノにとって天皇賞での激闘が大きな負担になったのでは、と感じてならなかった。

美しすぎる馬体でターフを駆け抜けキタサンブラックを破った名馬は、初年度産駒のシンリョクカが22年の阪神JFを2着と好走した。23年にサトノグランツが京都新聞杯を制し、早くもダービーへと産駒を送り込んだ。産駒がGIを制する瞬間を目にしたい種牡馬であり、父が成しえなかったダービー制覇を期待したい。

(小川隆行)

サトノダイヤモンド

生年月日 2013年1月30日
血統 (父)ディープインパクト
(母)マルペンサ
(母父)Orpen
調教師 池江泰寿(栗東)

獲得賞金 8億6512万円
通算成績 18戦8勝[8-1-3-6]
主な勝鞍 有馬記念　菊花賞　阪神大賞典
京都大賞典　神戸新聞杯
きさらぎ賞

全成績

年月日	競馬場	レース名	距離	人気	着順	騎手	タイム	馬体重	勝ち馬(2着馬)
2015/11/8	京都	2歳新馬	芝2000重	1	1	C・ルメール	02:03.8	502	(ロイカバード)
2015/12/26	阪神	2歳500万下	芝2000稍	1	1	C・ルメール	02:03.8	500	(クィーンズベスト)
2016/2/7	京都	きさらぎ賞(GIII)	芝1800良	1	1	C・ルメール	01:46.9	498	(レプランシュ)
2016/4/17	中山	皐月賞(GI)	芝2000良	1	3	C・ルメール	01:58.3	504	ディーマジェスティ
2016/5/29	東京	日本ダービー(GI)	芝2400良	2	2	C・ルメール	02:24.0	500	マカヒキ
2016/9/25	阪神	神戸新聞杯(GII)	芝2400良	1	1	C・ルメール	02:25.7	500	(ミッキーロケット)
2016/10/23	京都	菊花賞(GI)	芝3000良	1	1	C・ルメール	03:03.3	498	(レインボーライン)
2016/12/25	中山	有馬記念(GI)	芝2500良	1	1	C・ルメール	02:32.6	502	(キタサンブラック)
2017/3/19	阪神	阪神大賞典(GII)	芝3000良	1	1	C・ルメール	03:02.6	506	(シュヴァルグラン)
2017/4/30	京都	天皇賞(春)(GI)	芝3200良	2	3	C・ルメール	03:12.7	506	キタサンブラック
2017/9/10	フランス	フォワ賞(GII)	芝2400重	2	4	C・ルメール	02:36.4	計不	Dschingis Secret
2017/10/1	フランス	凱旋門賞(GI)	芝2400重	2	15	C・ルメール		計不	Enable
2018/3/11	中京	金鯱賞(GII)	芝2000稍	2	3	C・ルメール	02:01.9	506	スワーヴリチャード
2018/4/1	阪神	大阪杯(GI)	芝2000良	3	7	戸崎圭太	01:59.2	508	スワーヴリチャード
2018/6/24	阪神	宝塚記念(GI)	芝2200稍	1	6	C・ルメール	02:12.4	508	ミッキーロケット
2018/10/8	京都	京都大賞典(GII)	芝2400良	2	1	川田将雅	02:25.4	512	(レッドジェノヴァ)
2018/11/25	東京	ジャパンC(GI)	芝2400良	3	6	J・モレイラ	02:21.9	504	アーモンドアイ
2018/12/23	中山	有馬記念(GI)	芝2500稍	6	6	B・アヴドゥラ	02:32.8	506	ブラストワンピース

同時代ライバル

シュヴァルグラン

「遅れてきた大物」のGⅠ初制覇 信じられぬ馬主の相馬眼

キタサンブラック世代の「遅れてきた大物」シュヴァルグラン。2歳9月にデビューし2戦目で未勝利戦を勝ち上がったが、京都2歳S3着、毎日杯5着、京都新聞杯8着でクラシックには出走できず、2勝目を挙げたのは3歳10月だった。ここから3連勝でオープン入りすると、日経新春杯2着から阪神大賞典を優勝。「大器晩成のステイヤー」として出走した春の天皇賞ではキタサンブラックの3着に粘った。

4歳秋のアルゼンチン共和国杯で重賞2勝目を挙げるも、続くジャパンCではまたもやキタサンブラックの3着。5歳春の天皇賞では5番手からレースを進めたものの1馬身ちょっと足りず2着。豊富なスタミナを見せるもスタート後の脚でキタサンブラックに後れを取り、同馬に先着したのは続く宝塚記念。このレースでシュヴァルグランは珍しくハナを切ってキタサンブラックより前を進んだ。緩やかなペースで粘り切るかに見えたが直線で後続に交わされ8着、キタサンブラック9着。ともに見せ場を作れなかった。

「善戦ホース」とのイメージが定着した5歳秋。同馬は一世一代の大駆けをして見せた。「キタサンブラックに勝つにはマークするしかない」と感じたのだろう、前走・京都大賞典（1番人気3着）で騎乗したM・デムーロ騎手が再び騎乗予定だったが、サトノクラウンに騎乗予定のR・ムーア騎手が騎乗契約を理由に海外へ行くこととなり、デムーロ騎手が同馬に騎乗。代わりに任されたH・ボウマン騎手は「ハズレを引いた」と陰で言われたが、その騎乗ぶりは実に見事だった。

1番枠からスタートを決めるとラチ沿いを走りスタミナを温存。4コーナー手前でキタサンブラックを射程圏に入れると残り300mで同馬とマッチレース。なかなか差は縮まらず「またも2着か」と思った直後、残り100mを過ぎて同馬を交わすと、瞬く間に先頭に立ち念願のGI初制覇を遂げた。

友道康夫厩舎の大江祐輔助手がボウマン騎手に「キタサンブラックから3馬身ほど後方をキープしてほしい」と語った通りの展開で勝利に導いた。やや太目だった前年の馬体重（482キロ）から12キロ落とした育成も見事だった。

続く有馬記念では引退レースとなったキタサンブラックの3着。同馬との対戦成績は2勝6敗となった。

目の前の天敵がいなくなり、翌年は同馬がターフの主役になるかと思ったが、春の天皇賞で2着、ジャパンCでは初対戦となったアーモンドアイの4着。以前と同じく善戦マンの域から脱することはできなかったが、7歳秋まで33戦を無事に走り抜けたのは立派である。

話は変わるが、驚くのは、馬主である佐々木主浩氏の「馬の選択眼」である。

佐々木氏の所有馬は、シュヴァルグラン以外にもヴィルシーナ（ヴィクトリアM2勝）、ヴィブロス（秋華賞、ドバイターフ）とGⅠ馬3頭のほか、マジンプロスパー（阪急杯など重賞3勝）、ブラヴァス（新潟記念）と重賞ウイナーが2頭。このほかヴェルステルキングやヴォルシェーブ、アドマイヤマジン、ヴァルコス、ディヴィーナなどオープン馬も多く、所有馬29頭のうち6頭が1億円以上の賞金を稼ぎだしている。

「競走馬のうち、馬主に利益をもたらしてくれるのは10％程度。10頭買えば9頭はマイナスになる。そんな中、あれだけの活躍馬を持てるのは奇跡的だよ。金子さん（ディープインパクトの馬主である金子真人氏）クラスの相馬眼だね」と、筆者の知人である個人馬主は驚愕している。

「ニシノ」の冠で知られる西山茂行氏も、自身のブログに「個人馬主が府中の新馬を勝つことがどれほどたいへんかは、やったものでないとわかりません」と記している。

1年に3頭しか所有しないにもかかわらず、これだけの実績を残している大魔神。彼の所有馬は、私の密かな注目馬でもある。

（後藤豊）

シュヴァルグラン

生年月日 2012年3月14日
血統 (父)ハーツクライ
(母)ハルーワスウィート
(母父)Machiavellian
調教師 友道康夫(栗東)
獲得賞金 10億69万円
通算成績 33戦7勝[7-7-7-12]
主な勝鞍 ジャパンC　阪神大賞典
アルゼンチン共和国杯

全成績

年月日	競馬場	レース名	距離	人気	着順	騎手	タイム	馬体重	勝ち馬(2着馬)
2014/9/21	阪神	2歳新馬	芝2000良	3	2	福永祐一	02:04.0	464	ドラゴンヴァース
2014/10/12	京都	2歳未勝利	芝2000良	1	1	福永祐一	02:00.8	468	(アルバートドック)
2014/11/29	京都	京都2歳S(GIII)	芝2000稍	5	3	内田博幸	02:04.9	468	ベルラップ
2014/12/27	阪神	エリカ賞(500万下)	芝2000良	1	3	内田博幸	02:02.7	478	ベルーフ
2015/1/24	京都	若駒S(OP)	芝2000良		取	内田博幸		計不	アダムスブリッジ
2015/3/28	阪神	毎日杯(GIII)	芝1800良	8	5	内田博幸	01:47.5	470	ミュゼエイリアン
2015/5/9	京都	京都新聞杯(GII)	芝2200良	7	8	内田博幸	02:11.9	464	サトノラーゼン
2015/8/30	札幌	3歳以上500万下	芝2000良	1	2	福永祐一	02:00.1	468	アルバート
2015/10/3	阪神	3歳以上500万下	芝2400稍	1	1	福永祐一	02:28.3	468	(ミッキーポーチ)
2015/10/31	京都	3歳以上1000万下	芝2400良	1	1	福永祐一	02:24.8	476	(エイシンアロンジー)
2015/12/13	阪神	オリオンS(1600万下)	芝2400良	1	1	C・ルメール	02:28.1	474	(シホウ)
2016/1/17	京都	日経新春杯(GII)	芝2400良	1	2	C・ルメール	02:26.2	480	レーヴミストラル
2016/3/20	阪神	阪神大賞典(GII)	芝3000良	1	1	福永祐一	03:05.8	470	(タンタアレグリア)
2016/5/1	京都	天皇賞(春)(GI)	芝3200良	3	3	福永祐一	03:15.5	468	キタサンブラック
2016/6/26	阪神	宝塚記念(GI)	芝2200稍	5	9	福永祐一	02:14.2	468	マリアライト
2016/11/6	東京	アルゼンチン共和国杯(GII)	芝2500良	2	1	福永祐一	02:33.4	474	(アルバート)
2016/11/27	東京	ジャパンC(GI)	芝2400良	6	3	福永祐一	02:26.3	482	キタサンブラック
2016/12/25	中山	有馬記念(GI)	芝2500良	5	6	福永祐一	02:33.1	484	サトノダイヤモンド
2017/3/19	阪神	阪神大賞典(GII)	芝3000良	2	2	福永祐一	03:02.8	474	サトノダイヤモンド
2017/4/30	京都	天皇賞(春)(GI)	芝3200良	4	2	福永祐一	03:12.7	468	キタサンブラック
2017/6/25	阪神	宝塚記念(GI)	芝2200稍	6	8	福永祐一	02:12.6	470	サトノクラウン
2017/10/9	京都	京都大賞典(GII)	芝2400良	1	3	M・デムーロ	02:23.1	472	スマートレイアー
2017/11/26	東京	ジャパンC(GI)	芝2400良	5	1	H・ボウマン	02:23.7	470	(レイデオロ)
2017/12/24	中山	有馬記念(GI)	芝2500良	3	3	H・ボウマン	02:33.8	474	キタサンブラック
2018/4/1	阪神	大阪杯(GI)	芝2000良	4	13	三浦皇成	01:59.7	470	スワーヴリチャード
2018/4/29	京都	天皇賞(春)(GI)	芝3200良	1	2	H・ボウマン	03:16.2	474	レインボーライン
2018/10/8	京都	京都大賞典(GII)	芝2400良	1	4	福永祐一	02:26.0	472	サトノダイヤモンド
2018/11/25	東京	ジャパンC(GI)	芝2400良	5	4	C・デムーロ	02:21.5	468	アーモンドアイ
2018/12/23	中山	有馬記念(GI)	芝2500稍	9	3	H・ボウマン	02:32.4	470	ブラストワンピース
2019/3/30	UAE	ドバイシーマクラシック(GI)	芝2410良	4	2	H・ボウマン		計不	Old Persian
2019/7/27	イギリス	KGVI&QES(GI)	芝2390稍	4	6	O・マーフィ		計不	Enable
2019/8/21	イギリス	インターナショナルS(GI)	芝2050良	4	8	O・マーフィ		計不	Japan
2019/11/24	東京	ジャパンC(GI)	芝2400重	8	9	C・スミヨン	02:27.1	464	スワーヴリチャード
2019/12/22	中山	有馬記念(GI)	芝2500良	14	6	福永祐一	02:31.9	470	リスグラシュー

同時代ライバル

リアルスティール

あと1ハロン!? 距離適性とは何かを我々に教えてくれた世界的良血馬

「1800mのGIがJRAにあれば、タイトルを獲れた」

リアルスティールの主戦を務めた福永祐一騎手はその実力についてこう評価した。JRA重賞2勝はともに東京芝1800mの共同通信杯と毎日王冠。そしてGIタイトルは同距離のドバイターフで、1800mは通算［4－1－2－1］。4着以下に敗れたのは5歳の中山記念8着のみで、抜群の安定感があった。一方で、2000mは［0－2－0－1］で勝利なし。得意舞台の東京であっても天皇賞（秋）は二度出走し、2、4着。2着だった2016年は直線半ばでは前を行くモーリスを上回る脚色で捕《つか》まえんとするも、残り100mで勢いが鈍り、最後はモーリスと同じ脚色になってしまった。たった1ハロン、されど1ハロン。距離適性とはなにか。リアルスティールはそれを我々に教える。

だからこそ余計に1800mでのパフォーマンスは強烈だった。共同通信杯ではわずか1戦1勝のキャリアながら、好発から若干行きたがりながらも好位のインに控え、最後の直線では前を行く先行馬の外へ出て、一気に伸びた。相手は外目を追走し、スムーズに運んだドゥラメンテ。前にいる馬をすべて飲み込もうとする勢いだったが、リアルスティールだけが抵抗した。最後100mでドゥラメンテを抑え、半馬身先着を果たす。この春の二冠馬をキャリア2戦目で完封したのだ。4歳春のドバイターフでは共同通信杯以降、勝ちに見放された状況をかき消すほどの走りを披露し、「世界の矢作」に海外GI初勝利を贈った。

同い年のキタサンブラックとはクラシックを中心に生涯6回対戦し、2勝4敗。初対決のスプリングSはスローペースを先行したキタサンブラックに位置取りの差で敗れたが、皐月賞は前後半1000m59秒2－59秒0とタイトな流れになり、2頭ともドゥラメンテの強襲に屈したものの、リアルスティールがキタサンブラックをマークする形で2馬身半差をつけ、決め手の差を見せつけた。続く日本ダービーも先着し、2勝1敗としたが、菊花賞など徐々にリアルスティールの距離適性がはっきりすると、対戦機会が減り、菊花賞、4歳ジャパンC、5歳天皇賞（秋）とキタサンブラックが3連勝し、5歳暮れに引退。リアルスティールは6歳で前年、鼻出血のため出走できなかったドバイターフに2年ぶりに出走し、安田記念大敗後にケガで現役を退いた。種牡馬として1年先を行くキタサンブラックはイクイノックス、ソールオリエンスと立て続けにGI馬を世に送り、リアルスティールはその後を追う。ライバル対決は社台スタリオンステーションにて第2章を迎えた。

（勝木淳）

父 ディープインパクト
母 ラヴズオンリーミー
母の父 Storm Cat
戦績 ［4-5-2-6］　ドバイターフ　毎日王冠　共同通信杯
距離適性 中距離
脚質 差し

同時代ライバル

サトノクラウン

強力な同期たちに幾度も勝利を阻まれながら、ついにGⅠ馬となった「サトノ」馬

サトノクラウンの父であるマルジュは、アイルランド生まれで現役時代にGⅠセントジェームズパレスSなどを勝った名馬。同時に、種牡馬入りしても欧州で多くの有力馬を輩出した名種牡馬でもある。また母ジョコンダⅡもアイルランド生まれ。サトノクラウンは、サンデーサイレンス系の血を持たない持ち込み馬である。

そんなサトノクラウンは生まれた時から骨盤の仙骨と腸骨を繋ぐ関節に大きくズレが生じる仙腸関節というハンデを抱えていた。そのため疲労が残りやすい体質であったが、非凡な高い能力でハンデをカバーし、デビューから無傷の3連勝でGⅡ弥生賞を制した。それは馬主生活25年のオーナーにとって「悲願のGⅠ初制覇が近づいたのでは？」と囁かれるほどのものであった。しかし、皐月賞では1番人気ながらもドゥラメンテに敗れ、日本ダービーでも同じくドゥラメンテに及ばず3着という結果に終わる。挙句の果てには翌年に1世代下サトノダイヤモンドが菊花賞を制したことでオーナーの悲願達成すら先を越されてしまう。4

歳時には香港で当時の世界最強クラスの1頭だったハイランドリールに競り勝って大金星を挙げ苦労の末GⅠ初制覇を飾るも、同日にモーリスがGⅠ香港Cを制し引退の花道を飾ったため、その影にかすむ印象すらあった。

強いのにイマイチ扱いが悪い――そんな競走生活を送ったサトノクラウン最大の悲劇は、何といってもキタサンブラックが同世代に存在したことかも知れない。サトノクラウンが生涯のうちキタサンブラックとともにレースで戦ったのは、実に八度にも上る。まさにライバルと言ってもよい対戦回数かとも思うが、戦績は2勝6敗と、大きく負け越している。

王者と呼ばれる競走馬が同世代にいたことで運にも見放されたサトノクラウンは、5歳初戦の京都記念で連覇を達成して幸先良いスタートを切るも、次走のGⅠ大阪杯では王者キタサンブラックの前に完敗。雪辱を果たすべく、次走の宝塚記念に臨んだ。

――そして、史上初の春古馬三冠を成し遂げようとする王者を横目に、得意の道悪を疾走し摑んだ栄光のゴール。

最強のライバルを倒しグランプリという王冠を手にしたが、六度目の激突となった秋の天皇賞では得意の不良馬場だったにもかかわらず府中の直線で王者の前に屈する2着となり、年末の有馬記念では王者が引退の花道を飾るのを見届けつつ13着と大敗する。そんな姿もどこか、良い意味でサトノクラウンらしいと言えるかもしれない。

（真実良）

父 Marju
母 ジョコンダⅡ
母の父 Rossini

戦績 ［7-1-1-11］ 宝塚記念　香港ヴァーズ　京都記念（2勝）
弥生賞　東京スポーツ杯2歳S
距離適性 中距離
脚質 差し

同時代ライバル

カレンミロティック

キタサンブラックを脅かした騸馬
長距離GⅠで見せた「鬼の末脚」

枠順の性別欄でたまに見かける「騸《せん》」の文字。言うまでもないが去勢された牡馬である。気性が激しく能力を発揮できない馬に対し、去勢手術をすることでホルモンバランスを整え、競走に集中させるのが狙いである。手術を施すと牝馬との交配が不可能となるため、種牡馬にはなれなくなる。香港の競走馬が騸馬であるのも、香港競馬は馬を生産しておらず、競走馬がすべて輸入馬であるためだ。

グレード制導入後、JRA重賞に出走した騸馬は1971頭（2023年4月30日終了時点。障害戦除く）おり、勝ったのは78頭。1年に1頭から6頭ほどが勝っている。このうちGⅠ馬となったのはレガシーワールド、マーベラスクラウン（ともにジャパンC）、トウカイポイント（マイルCS）、ノンコノユメ（フェブラリーS）、サウンドトゥルー（チャンピオンズC）の5頭しかいない。

GⅠ勝利に一歩届かなかったのが、16年春の天皇賞でキタサンブラックと激闘を繰り広げたカレンミロティックだ。

デビュー4戦目に未勝利戦を勝ち、3歳秋に2勝目を挙げると1000万クラスで3戦連続3着。関係者によると、自分の周辺に他馬が来るとたびたび威嚇をしており、イメージ通りの調教ができなかったそうだ。4歳春に去勢をすると条件戦で9戦連続3着以内と好走が続き、初めての重賞出走となった金鯱賞を勝利。2着に退けたのは後の天皇賞馬ラブリーデイだった。

過去の好走騸馬の実績を振り返ると、昇級後も好走を続ける馬が多い。レガシーワールドはジャパンCの勝利まで11戦して［5－4－1－1］（除外レース除く）。マーベラスクラウンもジャパンCを勝つまで12戦して［5－4－1－2］。2、3着が多かったサウンドトゥルーも勝ち上がり率が高まった。

しかしカレンミロティックは4着が精一杯。6歳春の宝塚記念でゴールドシップの2着に好走。7歳春の天皇賞でも僅差の3着と一歩足りないレース内容が多かった。そんな〝イマイチ君〟がもっとも見せ場を作ったのが8歳春の天皇賞。逃げるキタサンブラックから2馬身ほど後ろの3番手につけると、残り200mを過ぎたあたりで外から同馬に並び、2頭は同時にゴールイン。写真判定の結果、4センチ足りない2着だった。ほぼ完璧なレース内容であり、同馬と苦楽をともにした陣営の悔しさは想像に難くない。

（後藤豊）

父 ハーツクライ
母 スターミー
母の父 A. P. Indy

戦績 ［6-6-6-25］ 金鯱賞
距離適性 中長距離
脚質 先行

同時代ライバル

マリアライト

エリザベス女王杯に続く展開の勝利
強豪牡馬2頭を負かした宝塚記念

GIレース予想で重要なファクターの一つ、「実績」。過去にどのようなレースを勝ってきたか、という重要な要素だが、通用しにくいレースも存在する。

例えばエリザベス女王杯。1996年に牝馬ナンバー1決定戦となって以降、エリモシック（97年）、フサイチパンドラ（06年）、クィーンスプマンテ（09年）、レインボーダリア（12年）、ラキシス（14年）、アカイイト（21年）などの重賞未勝利馬が「いきなりのGI制覇」を果たしている。15年のマリアライトは重賞挑戦3回目ながらオークス馬ヌーヴォレコルト（1番人気2着）や前年優勝馬ラキシス（2番人気11着）、後の重賞3勝馬ルージュバック（3番人気4着）などの強豪を撃破。人気馬3頭とも後方待機の中、中団から抜け出しての直線勝負はまさに「展開の勝利」。掲示板に入った5頭の着差は「クビ」「ハナ」「1／2」「クビ」と、位置取りが違っていたら勝てなかったと感じる内容であり、競馬の難しさを感じさせるレースだった。

晴れてGI馬となったマリアライトは、続く有馬記念を僅差4着、年明けの日経賞を3着と中山長距離で好走を続け、年明け2戦目の目黒記念では1番人気に支持された。牝馬の出走が珍しいレースで1番人気となったのも、裏を返せば牡馬でめぼしい馬がいなかったためでもあるが、ここで3番人気クリプトグラムにクビ差2着。「この相手に負けてしまうのか」との落胆が、続く宝塚記念での8番人気という低評価に繋がった。

しかし、このレースでマリアライトはまたも「展開の勝利」をして見せる。ハナを切ったのは前走の天皇賞（春）でGI2勝目を飾ったキタサンブラック、後方には二冠馬ドゥラメンテ。強豪な牡馬たちの間という位置取りの中、エリザベス女王杯と同じく中団で競馬を進めると直線入り口で大外に持ち出す。半年前と同じ展開の中、直線で懸命にムチが入る。内にはキタサンブラック、外にはドゥラメンテ。3頭が横並びになる中、真ん中のマリアライトがクビだけ抜け出し優勝。鞍上・蛯名正義騎手の追い出しが少しでも遅れていたら勝利はなかったと感じる内容であり、7ヶ月前の金星を上回る騎乗内容だった。

繁殖に上がったマリアライトは初年度産駒オーソクレース（父エピファネイア）が菊花賞を2着と活躍して見せた。現2歳のマリガーネット（父レイデオロ）は、ディープインパクトの母ウインドインハーヘアの4×3という血統馬。

オークス向きの血統に思えてならず、1年後が楽しみである。

（小川隆行）

父 ディープインパクト
母 クリソプレーズ
母の父 エルコンドルパサー
戦績 [6-2-5-7] 宝塚記念 エリザベス女王杯
距離適性 中長距離
脚質 差し

同時代ライバル

ゴールドアクター

キタサンに二度先着の名馬
8番人気で制したグランプリ

通算20戦12勝のキタサンブラック。7戦目の通算5勝目が菊花賞でのGI初優勝となったが、その後の13戦で重賞7勝を遂げたことになる。その内訳はGI6勝・GII1勝。早くから高い素質を覗かせてはいたが、古馬になって素質が開花したことは間違いない。

その菊花賞後の13戦で、先着を許したのは延べ16頭いるが、一度ならず二度まで先着されたのは2頭しかいない。引退直前にジャパンCで敗れたシュヴァルグランと、菊花賞後の有馬記念で苦杯を舐め、古馬の壁を突きつけられたゴールドアクターである。

デビュー当初のゴールドアクターは体質が弱くて幼い気性。走る方に気持ちも向いていなかった。デビュー戦は16頭立て11番人気の低評価。3戦目に未勝利を脱したこともフロック視され、昇級初戦のゆりかもめ賞2着時も何と16頭立て14番人気。続く山吹賞は3番人気の支持を受けて連続2着し、青葉賞4着でクラシックシーズンを終える。ひと息入れて再始動した夏の札幌2戦を1番人気で連勝し、続く菊花賞を7番人気で3着すると、いよいよ晩成の血が本格化か、と思われたが、脚元の不安で長期休養に入る。翌年の函館戦の復帰戦を1番人気に応えて快勝。秋に入って準オープンに勝ち、アルゼンチン共和国杯も制して重賞初制覇。3連勝の勢いを駆って挑戦したのが第60回有馬記念だった。

1番人気はこのレースで引退を表明していたゴールドシップ。菊花賞馬キタサンブラックは4番人気。GⅠ初挑戦となるゴールドアクターは8番人気にとどまっていた。

レースは6枠11番から逃げたキタサンブラックのマイペース。好位のインを進むゴールドアクターが、勝負どころで早めに仕掛けたマリアライトらの動きに惑わされず、ひと呼吸置いてスパート。直線内からスパッと抜けてキタサンブラックを捉え、サウンズオブアースの急追を抑え切ってGⅠ初制覇を飾る。

キタサンブラックが本格化手前。他の馬との比較でもゴールドアクターの充実度が一枚も二枚も上回っていて、しかも持ち前のレース巧者ぶりを最大限に生かせる展開。すべての条件が揃った勝利ではあった。しかし、先行できて持続力のある末脚を持ち合わせていたのがキタサンブラックだ。唯一の死角がパンパンの良馬場での、極端に上がりの速い決着(レース最速の上がりを使ったことは二度しかない。それも35秒0と38秒5)だったとすれば、逆転のチャンスはやはりトリッキーな展開の中での〝出し抜け〟しかなかったのだろう。そのことを示したのが、この時のゴールドアクターだったのではないだろうか。

(桐谷謙介)

父 スクリーンヒーロー
母 ヘイロンシン
母の父 キョウワアリシバ

戦績 [9-3-2-10] 有馬記念 日経賞 オールカマー アルゼンチン共和国杯
距離適性 中長距離
脚質 先行

同時代ライバル

レイデオロ

名伯楽をダービートレーナーに ダービー史上に残る「マクリ激走」

調教師の夢である「ダービートレーナー」。名伯楽・藤沢和雄調教師にとって、日本ダービーは高き壁であった。2002年には4頭を出走させるもシンボリクリスエスが2着に敗れ、翌年は3頭出走もゼンノロブロイが再度2着。その後は掲示板すら確保できなかった藤沢師が出会った名馬がレイデオロだ。

デビューから3連勝でホープフルSを勝ったが、ソエを発症するなどトライアルを使えずに皐月賞に直行し5着。先行決着の中16番手から5着を確保したが、末脚はメンバー中2位であり、休養明け2戦目の日本ダービーで大きな期待が寄せられた。

ダービーで2番人気に支持されたレイデオロは後方5番手からの競馬となったが、向正面で鞍上のC・ルメール騎手が信じられない騎乗をした。前半1000m通過1分3秒2というスローペースをマクり、2番手につけたのである。「後方では勝てない」と早めに脚を使い、直線で二の脚を使って先頭でゴールイン。

長いことダービーを見てきたが、このようなマクリ戦術での勝利は後にも先にもレイデオロのみである。

大敗するリスクを承知の上でマクリに賭けたルメール騎手。超一流ジョッキーの判断力と決断力に驚かされた。

秋には神戸新聞杯を勝ち、ジャパンCで2着に好走、キタサンブラックに先着した。4歳になると秋の天皇賞でGⅠ2勝目を挙げた。

キングカメハメハ産駒としてはホッコータルマエに次ぐ獲得賞金8億円を手にして引退、23年夏に初年度産駒がデビュー予定だ。

種牡馬入りしたレイデオロには大きな期待が寄せられている。中でも注目がディープインパクト産駒の牝馬との配合である。レイデオロ×ディープインパクト牝馬は「ディープインパクトの母ウインドインハーヘアの4×3」という血統配合となり、既に40頭以上が誕生している。母を見るとオークス馬シンハライトや宝塚記念優勝馬マリアライト、エリザベス女王杯優勝馬ラキシス、ジャパンC優勝馬ショウナンパンドラ、ヴィクトリアM連覇のヴィルシーナなど豪華メンバーが揃っている。

キタサンブラック産駒に注目が集まる昨今だが、次の注目は「レイデオロ×ディープ産駒」の配合かもしれない。

（後藤豊）

父 キングカメハメハ
母 ラドラーダ
母の父 シンボリクリスエス
戦績 [7-2-1-7] 日本ダービー 天皇賞・秋 神戸新聞杯 オールカマー ホープフルS
距離適性 中長距離
脚質 差し

同時代ライバル

アドマイヤデウス

王者たちの壁に何度も阻まれた後、再起をはかった異国の地で迎えた非業の死

アドマイヤデウスはチャンピオンまであと一歩と迫っていたのだ。

キタサンブラックが優勝した2016年の京都大賞典。積極策に出たアドマイヤデウスは激しい2着争いから抜け出し、天皇賞馬ラブリーデイを退けクビ差2着に食い込んだ。

キタサンブラックが連覇を達成した17年の天皇賞（春）。レコード決着となる険しいレースながら、好位から勝負に出たアドマイヤデウスはシュヴァルグランやサトノダイヤモンドと遜色ない粘りを見せ、2頭とほぼ差のない4着。王者まであと1馬身余りと詰め寄った。

アドマイヤデウスは苦難を知る馬でもある。デビュー以来順調に経験を重ね、春のクラシック2戦に出走。しかしダービーの直後に骨折、休養を余儀なくされた。復帰後は重賞を連勝したが、GⅠの壁は厚かった。熱中症に苦しみ、本来の力を出し切れないこともあった。

そんなアドマイヤデウスに転機が訪れる。競馬大国オーストラリアへの移籍である。行き先は当時のトップトレーナーのひとり、ダレン・ウィアー師の厩舎。出国1ヶ月前から現地

スタッフが訪日、アドマイヤデウスの理解に努め、名手C・ウィリアムズ騎手も日本で調教に跨った。その甲斐もあり、アドマイヤデウスはスムーズに新天地に馴染むことができた。

ひとまずの目標はGⅠコーフィールドC。アドマイヤデウスは厩舎スタッフからその身体能力を高く評価され、現地のファンからも有力候補として期待が寄せられていた。

ゆくゆくはオーストラリア最高峰のメルボルンC、さらには海外勢としてジャパンC出走へ。異国での経験を重ねれば、鎬《しのぎ》を削ってきた母国のライバルを負かせるかもしれない。

だがそれは叶わなかった。いつもの調教へと向かったアドマイヤデウスを悲劇が襲った。調教でのギャロップの際、不幸にも靱帯を損傷。獣医師も「これほどの怪我を見たことがない」と漏らすほどだった。現役復帰すらも絶望的だったが、ウィアー師らは命だけでも繋ごうとした。この危機は日本でも報じられ、海を越えて彼の快復が祈られた。しかし複数回に及ぶ手術も虚しく、アドマイヤデウスは遠く異国の地で息を引き取った。

――翌年2月。豪のGⅠフューチュリティSで、ウィアー師の手がけた2頭が1、2着を独占する快挙を成し遂げた。いずれも日本から移籍した馬である。

この偉業に際し、ウィアー師は現地メディアの取材で次のように語っている。

「アドマイヤデウスに起きたことが残念でなりません。勝った2頭を軽んじるつもりはありませんが、アドマイヤデウスははるかに優れた馬でした（豪AAP通信）」

（手塚瞳）

父 アドマイヤドン
母 ロイヤルカード
母の父 サンデーサイレンス
戦績 ［5-2-5-10］ 日経新春杯 日経賞
距離適性 中長距離
脚質 差し

同時代ライバル

サウンズオブアース

何度もギリギリ僅差でのレースを演じたファンに愛された「最強の2勝馬」

徹底したシルバーコレクターぶりで名の通った馬がいた。生涯の2勝は、いずれも条件戦でのもの。オープン入り後、グレード競走での成績は［0－7－0－17］。その内GIでの2着が3回。それが、サウンズオブアースである。

2014年、3歳になったサウンズオブアースは、はなみずき賞を勝ち上がり、京都新聞杯で2着。クラシックに駒を進めた。ダービーこそ負けはしたが、菊花賞でトーホウジャッカルと競り合っての2着。3着のゴールドアクターは離していて、長距離が彼の舞台となった。

だが1歳下には、キタサンブラックがいた。

最初の邂逅は15年有馬記念。ゴールドアクターが制したレースで、サウンズオブアースは逃げるキタサンブラックを差し切り2着。優勝馬にクビ差、届かなかった。サウンズオブアースは何度もギリギリ僅差でのレースを演じる、一生懸命な馬だった。

翌16年は、彼の充実期だったと言ってよいだろう。しかし、1番人気に支持され、ここぞと思われた日経賞で、またもゴールドアクターに煮え湯を飲まされ2着。

そしてジャパンC。サウンズオブアース生涯最高のデキでありながら、またも2着。1着は既に本格化を迎えていたキタサンブラック。サウンズオブアースは外から猛追するが、埋まらない2馬身半差に映った。

出るレース、出るレースにキタサンブラックがおり、1着をさらっていく。その年の四度目を数えた対戦となった有馬記念。キタサンブラックはついに2着に敗れたもののサウンズオブアースは1着を取ることはできなかった。

しかし彼はその有馬記念のファン投票で実に前年度の倍以上の4万7716票を集めていた。1位キタサンブラックから8万9637票離れての9位。大スターに一歩及ばないが、いつも懸命で、真面目な彼の1年は、多くのファンの胸を打った。

サウンズオブアースは、キタサンブラックがターフを去った後も7歳まで走り続ける。18年の札幌記念では、その直線の手応えに、ついにと息を呑んだファンも多かったはずだ。

だが引退後の23年2月、彼はわずか12歳で亡くなった。重賞馬でない彼の訃報は、JRAのホームページに掲示されることもない。しかし悼むファンは大勢いた。皆は彼を、親愛と驚きを以て「最強の2勝馬」と呼ぶのである。

（緑川あさね）

父 ネオユニヴァース
母 ファーストバイオリン
母の父 Dixieland Band

戦績 [2-8-1-19] はなみずき賞（500万下）
距離適性 中長距離
脚質 差し

一族の名馬

サクラバクシンオー

キタサンブラックに伝えた血の不思議?　母父に名を残す史上最強スプリンター

サクラバクシンオーは、生まれながらにしてスプリンターだった。その走りから、四半世紀以上経った今でも日本競馬史上最強クラスのスプリンターと称されている。

生涯戦績は21戦11勝、うち1400m以下に限ると12戦11勝。GⅠ初出走の壁に阻まれた4歳(旧馬齢表記、以下同)時のスプリンターズSを除き、無類の強さを発揮した。逆に1600m以上のレースでは9戦0勝と全く勝てなかった。彼が生まれ持ってのスプリンターであることを証明するような戦績である。しかし、血統的に短距離向きだったかと言えば、そうではない。父サクラユタカオーは2000mの天皇賞(秋)を制していて、母サクラハゴロモは、天皇賞(春)と有馬記念を制したアンバーシャダイの全妹である。また1歳上の従兄にあたるイブキマイカグラも、主に中～長距離で活躍を見せていたのである。

1992年、4歳1月のデビュー戦は中山1200mのダート競走。レースでは2番人気ながらもスタートから先頭に立ち、5馬身差で圧勝する。そのレースぶりを見ると芝でもダートでも関係なく走りそうな印象を受けるが、以降は全て芝レースに絞っていくことになる。続く2戦目の条件戦は、芝1600mだったが2着と好走。3戦目は同日同条件の古馬を0秒3も上回る好タイムで逃げ切り勝ちを収める。ここまで3戦2勝。デビューが遅かったとはいえ、クラシックを目指して皐月賞トライアルのGⅡスプリングS（芝1800m）に挑戦することになる。しかし、ここでは勝ったミホノブルボンに3秒5差の12着と大敗。スプリングSでの走りを最後に、サクラバクシンオーが中距離以上のレースに出走することは引退年の毎日王冠までなかった。再び短距離路線に矛先を向けたサクラバクシンオーは、次走GⅢクリスタルCで適性を遺憾なく発揮し、3馬身半差の完勝、重賞初制覇を飾った。

こうして、徐々に短距離界で頭角を現したサクラバクシンオー。5歳で迎えたスプリンターズSでは、この年の安田記念、天皇賞（秋）を制してマイル・中距離・スプリントの3階級制覇を狙うヤマニンゼファーが1番人気で、サクラバクシンオーに分厚い壁として立ちはだかった。ところが、蓋を開けて見ればヤマニンゼファーに2馬身半差を付けてのGⅠ初勝利。これはサクラユタカオー産駒として初のGⅠ制覇でもある。そして、連覇の懸かった翌年のスプリンターズSでは、勝敗に関わらずこのレースでの引退が決まっている中で、4馬身差の圧勝。1分7秒1という当時の日本レコードタイムで見事に連覇を達成した。スプリンターズS連覇という勲章をもって引退、種牡馬入りとなったサクラバクシンオー。しかし、

GIを2勝した馬であれば、他にも多数いる。ましてや、それ以上にGIを勝利し種牡馬入りする馬もいる中、なぜ彼が未だに史上最強クラスのスプリンターと呼ばれるのだろうか。

その理由の一つに、5歳の秋に1400mのGⅡスワンSを1分19秒9という好タイムで勝利したことが挙げられる。これは当時の日本レコードで、コースレコードとしては17年に更新されるまで23年間破られることがなかった大記録である。また、瞬発力を要する短距離戦において、そのスピードを維持するのは余程のことでないと難しい。ロードカナロアが登場するまでスプリンターズSを連覇した馬がいなかったことも、サクラバクシンオーの評価を確固たるものにした要因だろう。

種牡馬として世に残した産駒は全部で1569頭。直仔たちの多くはサクラバクシンオーと同じく1200mを得意とし、中でもショウナンカンプ（02年高松宮記念）、ビッグアーサー（16年高松宮記念）、グランプリボス（10年NHKマイルC）らが活躍。しかし、そうした適性を超えたかのように、母の父として孫のキタサンブラックが中～長距離のGIを7勝している。これこそが競馬の醍醐味であり、だからこそ競馬は面白いと言える。そしてこの先も、彼の卓越したスピードは、子孫に色濃く受け継がれていくだろう。

（真実良）

サクラバクシンオー

生年月日 1989年4月14日
血　統 (父)サクラユタカオー
(母)サクラハゴロモ
(母父)ノーザンテースト
調教師 境勝太郎(美浦)

獲得賞金 5億1549万円
通算成績 21戦11勝[11-2-1-7]
主な勝鞍 スプリンターズS(2勝)
スワンS　ダービー卿チャレンジT
クリスタルC

全成績

年月日	競馬場	レース名	距離	人気	着順	騎手	タイム	馬体重	勝ち馬(2着馬)
1992/1/12	中山	4歳新馬	ダ1200稍	2	1	小島太	01:11.8	482	(マイネルトゥルース)
1992/1/26	中山	黒竹賞(500万下)	芝1600良	1	2	小島太	01:35.1	486	マイネルコート
1992/3/14	中山	桜草特別(500万下)	芝1200良	1	1	小島太	01:08.8	486	(ハヤノライデン)
1992/3/29	中山	スプリングS(GII)	芝1800重	3	12	小島太	01:53.6	486	ミホノブルボン
1992/4/18	中山	クリスタルC(GIII)	芝1200良	1	1	小島太	01:08.6	482	(タイトゥルー)
1992/5/9	東京	菖蒲S(OP)	芝1400良	1	1	小島太	01:22.8	482	(エーピージェット)
1992/6/7	東京	ニュージーランドT4歳S(GII)	芝1600良	3	7	小島太	01:36.0	486	シンコウラブリイ
1992/9/13	中山	京王杯オータムH(GIII)	芝1600良	3	3	小島太	01:33.0	490	トシグリーン
1992/10/31	東京	多摩川S(OP)	芝1600良	3	7	小島太	01:33.5	484	キョウエイボナンザ
1992/11/28	東京	キャピタルS(OP)	芝1400良	1	1	小島太	01:21.1	484	(ミスタートウジン)
1992/12/20	中山	スプリンターズS(GI)	芝1200良	3	6	小島太	01:08.3	486	ニシノフラワー
1993/10/2	中山	オータムスプリントS(OP)	芝1200良	2	1	小島太	01:08.8	492	(フィルードヴォン)
1993/10/30	東京	アイルランドT(OP)	芝1600重	3	4	小島太	01:35.5	492	イイデザオウ
1993/11/27	東京	キャピタルS(OP)	芝1400良	3	1	小島太	01:21.2	496	(エアリアル)
1993/12/19	中山	スプリンターズS(GI)	芝1200良	2	1	小島太	01:07.9	500	(ヤマニンゼファー)
1994/4/3	中山	ダービー卿チャレンジ(GIII)	芝1200良	1	1	小島太	01:08.9	500	(ドージマムテキ)
1994/5/15	東京	安田記念(GI)	芝1600良	3	4	小島太	01:33.7	498	ノースフライト
1994/10/9	東京	毎日王冠(GII)	芝1800良	4	4	小島太	01:45.0	496	ネーハイシーザー
1994/10/29	阪神	スワンS(GII)	芝1400良	1	1	小島太	01:19.9	494	(ノースフライト)
1994/11/20	京都	マイルCS(GI)	芝1600良	2	2	小島太	01:33.2	496	ノースフライト
1994/12/18	中山	スプリンターズS(GI)	芝1200良	1	1	小島太	01:07.1	504	(ビコーペガサス)

一族の名馬

ブラックタイド

2年3ヶ月の長期休養の後は16連敗するも 気づけば超良血に〝なっていた〟重賞1勝馬

現役時の実績だけで比較すれば、偉大な弟には遠く及ばない。それでも、見栄えする雄大な馬体は、弟のそれを上回るといっても過言ではない。

母ウインドインハーヘアは、アラジの仔を受胎したままドイツのGIアラルポカルを勝利した名牝。日本に輸入後サンデーサイレンスが交配され、2001年に生を受けたのがブラックタイドである。さらにその3ヶ月半後には、後に弟のディープインパクトも所有することになる金子真人氏が、セレクトセール当歳市場において1億185万円で落札。これは、ディープインパクトよりも3000万円近く高い価格だった。

そんな背景もあってか、新馬戦でスウィフトカレントに付けられていた絶望的な差を驚異の末脚で逆転したときは、多くのファンがこの漆黒の馬体に夢を抱いた。

その後は、一進一退の成績が続くも、5戦目のスプリングSで再び豪脚一閃《いっせん》。直線でライバルたちをごぼう抜きし初タイトルを獲得すると、クラシックの番付も一気に上昇。この時点では、騎手が同じ勝負服を身に纏《まと》うキングカメハメハよりも上に位置していたと言える。

ところが、出負けした皐月賞で後方のまま見せ場なく16着に大敗すると、その後、屈腱炎を発症。2年3ヶ月という長期休養の後に復帰したものの、そこから16戦して勝利なしに終わり、08年の目黒記念8着を最後に、現役生活に別れを告げたのである。

ただ、ブラックタイドにとって幸いだったのは、ディープインパクトが圧倒的な成績を残し、一足先に種牡馬入りしていたことだった。自身が手にした重賞タイトルは一つでも、このとき超良血馬に〝なっていた〟ブラックタイドは、めでたく種牡馬入り。ディープインパクトの代替種牡馬としても重用され、初年度から150頭の種付けを行うと、その中からテイエムイナズマがデイリー杯2歳Sを勝利。12年のファーストシーズンサイアーランキングで、1位を獲得して見せたのだ。

そして、キタサンブラックが誕生したのもこの年。同馬は、父がなし得なかったGI制覇はもとより、当時の最多タイとなる芝のGIを7勝。獲得賞金も、ディープインパクトやその産駒を上回る当時の歴代最高で、23年4月現在でも2位の記録である。

また、キタサンブラックは顕彰馬にも選出されているが、ディープインパクト産駒のジェンティルドンナと合わせ、兄弟で顕彰馬を送り出した種牡馬はいない。この快挙を達成する兄弟は、今後、現われないかもしれない。


（齋藤翔人）

父 サンデーサイレンス
母 ウインドインハーヘア
母の父 Alzao

戦績 ［3-4-3-12］ スプリングS
距離適性 中長距離
脚質 差し

一族の名馬

ショウナンバッハ

名馬と母を同じくした兄として56戦を走り続けた〝無事是名馬〟の賢兄

競馬の世界において血統は重要な要素である。兄弟同士で成績が比べられるのはある意味では仕方なく、一方の競走成績が優れていればいるほど、あまり好きな言葉ではないが「愚弟賢兄」や「愚兄賢弟」と形容されてしまう。そのため、ドリームジャーニーとオルフェーヴル兄弟のように、2頭でGⅠを勝ちまくるケースはまれ、むしろ「愚弟賢兄」「愚兄賢弟」が当たり前。キタサンブラックの父ブラックタイドも見方次第ではそれに含まれるかもしれない。それでも、種牡馬としてGⅠ7勝の歴史的名馬を輩出した点は、弟のディープインパクトにも決して劣らない実績と言えるだろう。

繁殖牝馬シュガーハートの3番仔として生まれたキタサンブラックにも、多くの兄弟がいる。その代表格といえば、やはり一つ上の半兄ショウナンバッハだろう。

ステイゴールド産駒らしく、牡馬にしてはやや小柄なショウナンバッハは、雄大な馬格を誇る弟と比べると、実に100キロ近い体重差があった。デビューは3歳5月で、5戦するも未勝利脱出は叶わず、地方の園田に移籍。しかし園田で2戦2勝の成績を残し中央に再転入すると、そこからわずか1年足らずでオープン入り。異例のスピード出世を果たし、続く昇級初戦のジャパンCは12着に敗れるも、メンバー中最速の上がりをマークしてみせた。

ところが、続くアメリカジョッキークラブCで3着と善戦した後は、苦戦の連続。GIからGIへと転戦したキタサンブラックとの対決も実現することなく、裏街道を歩み続けた。それでも7歳夏の新潟記念で、勝ったブラストワンピースから0秒4差の3着に激走した後、年末に出走した中日新聞杯は、競走生活のハイライトとも言えるレースとなった。

1ハロンに及ぶ叩き合いの末、結果的には当年のNHKマイルC2着馬ギベオンに差し返され、クビの上げ下げで敗れたものの、スロー映像でもなかなか判別できないような大接戦。火の出るようなという言葉がピッタリの、素晴らしいデッドヒートだった。

さらにその1年後。引退したショウナンバッハを待っていたのは、種牡馬としての第2の馬生である。決して頭数は多くないものの、自身と同じショウナンの冠号がつく牝馬を中心に種付けを行い、早ければ、初年度産駒は2023年にデビューを予定している。

21人の騎手とコンビを組み、大きなケガもなく8歳まで全56戦を走り抜いたショウナンバッハ。重賞制覇の夢は叶わなかったが、1億5000万円以上もの賞金を獲得した、まさに無事是名馬であり、間違いなくキタサンブラックにとっての賢兄でもあった。

（齋藤翔人）

父　ステイゴールド
母　シュガーハート
母の父　サクラバクシンオー
戦績　[6-1-4-45]　ノベンバーS（1600万下）
距離適性　中長距離
脚質　追い込み

第三部　キタサンブラックを語る

ブラックタイド×サクラバクシンオー
血統論の固定概念を吹き飛ばす、
覚醒した適性と距離の壁を越えた秘密とは？

馬体 血統 走法・脚質・馬場適性 誕生

特別インタビュー
背中を振り返る

JRA騎手　武 豊

GⅠに生まれ変わった大阪杯でダービー馬や香港優勝馬を寄せ付けずGⅠ4勝目。

馬体

馬体と血統の間に大きなギャップのある、突然変異的な名ステイヤー

「ＲＯＵＮＤＥＲＳ」編集長　治郎丸敬之

「典型的なステイヤー（長距離馬）の馬体は？」と訊かれたら、かつてはスペシャルウィークを真っ先に挙げていたが、最近はキタサンブラックと答えるようにしている。ちなみに、スプリンター（短距離馬）は、かつてはアグネスワールドであったが最近はビッグアーサーである。スペシャルウィークとキタサンブラックに共通しているのは、首や手肢がスラリと長く、胴部にも十分な伸びがあり、何と言っても、馬体の幅が薄いこと。真横から見ると案外わかりにくいが、馬体を正面から見たときに、肩端から肩端までの距離が短い。この馬体の薄さこそが、ステイヤーとしての馬体の特徴なのである。

馬体が薄いと、特に幼少期や若駒の頃はヒョロッとしてどうしても頼りなく映るため、あまり評価されないケースも多い。キタサンブラックも例にもれず、誰もが我先にと買い争った馬ではなかったという話を耳にする。少なくとも、誰が見てもうっとりするような好馬体ではなかったということだろう。ステイヤーとしてはそれほど珍しい話ではなく、むしろ名

ステイヤーで似たようなエピソードを持つ馬も少なくない。

私もキタサンブラックの強さに気づくのが遅かった人間の一人である。そもそもキタサンブラックが生粋のステイヤーであることさえも認めるのに時間がかかった。「馬体論者のくせに、典型的なステイヤーの馬体を誇るキタサンブラックの適性を見抜けなかったのは情けない」と言われたらグウの音も出ない。馬体だけを見るとキタサンブラックはステイヤーであるが、血統的には母の父にスプリンターのサクラバクシンオーがいるため、私を含め多くの競馬ファンがキタサンブラックには3000m以上の距離は長いと考えたのである。

この、キタサンブラックのステイヤー適性を見抜くのが遅れた件に関しては、今でも反省している。私は馬体だけを見ていなかったのである。キタサンブラックは馬体と血統の間に大きなギャップがある、突然変異的な馬であった。

先ほど、キタサンブラックとスペシャルウィークを新旧ステイヤーの典型的な馬体として挙げたが、実は2頭の馬体にも違いがある。それは体高（背の高さ）である。どちらも幅の薄い馬体であることは同じだが、スペシャルウィークは460～470キロ台の馬体で走ったのに対し、キタサンブラックは最終的に540キロ台の馬体で走った。どこが違うかというと、体高（背の高さ）である。キタサンブラックは縦に大きいのだ。

キタサンブラックの体高は172センチと、私の知る限りにおいて、現役の種牡馬の中で最も背が高かった。現役の種牡馬たちを背の順に前ならえすると、キタサンブラックは一番後ろであったということだ。高かったと過去形になっているのは、今年から日本で供用されることになった173センチのウィルテイクチャージに抜かされてしまったからだ。ちなみに、キタサンブラックの次に背が高いのは171センチのサトノアラジン、170センチのラニ、169センチのダノンバラードと続く。一番背が低いのは、159センチのニューイヤーズデイである（ニューイヤーズデイはその分横幅があってマッチョであるが…）。

背が高くて、縦に大きい大型馬であることは、キタサンブラックの馬体の最大の特徴である。この特徴こそが今の日本競馬で求められていること〝そのもの〟なのだ。簡単に説明すると、馬場の高速化に伴い、日本馬の大型化も顕著になってきている。日本の馬場は極めてフラットで走りやすいため、大型馬がバランスを崩すことなく、その馬体の大きさをそのまま最大限に生かしてスピードを発揮できる。ダートだけではなく、芝の短距離戦でも中長距離戦でも、馬体の大きい馬の活躍が目立つのはそういう理由である。

ところが、馬体の大きさが求められるとはいえ、横幅の大きさにはさすがに限界がある。あまり横幅が大きすぎても、豚のようになってしまい、スピードとスタミナが削がれかねない。横に限界があるとすれば、縦に大きくするしかないのだ。例えば陸上選手で言うとウサイン・ボルト（身長195センチ、体重94キロ）のような大きな馬が求められているということである。

体高が172センチで馬体重が540キロ台というキタサンブラックは、現代日本競馬における理想的な馬体なのである。

最後に種牡馬としての話をしておくと、イクイノックスやソールオリエンスが出たからでもあるが（彼らは突然変異的である）、キタサンブラックの未来は明るい。その根拠としては、産駒に背が高くて、馬体全体が大きいという特徴を強く伝える点が挙げられる。

クラシック戦線を席巻《せっけん》するような大物を出しつつも、どのような条件でもコンスタントに力を発揮して走る産駒たちを続々と誕生させる以上、キタサンブラックがリーディングサイアーとなるのも時間の問題かもしれない。

キタサンブラック

血統

リファールの4×4のクロスが生み出す粘り強さを感じさせる配合

血統評論家　生駒永観

生産界には「代替種牡馬」という用語があります。種付け料が高くて簡単には付けられない人気種牡馬の近親や血統のよく似た馬を種牡馬入りさせ、安価な種付け料に設定することで、血統的に魅力のある種馬をお手軽に付けたいという生産者のニーズに応えるのが目的です。古くは二冠馬ミホノブルボンの父でミルジョージの代替種牡馬だったマグニテュード、三冠馬ナリタブライアンの父でサンシャインフォーエヴァーの代替種牡馬だったブライアンズタイムなどが代替種牡馬の成功パターンとして知られていますが、キタサンブラックの父ブラックタイドも三冠馬ディープインパクトの全兄にあたる良血で、代替種牡馬としての需要を受け種牡馬入りしたという背景を持っています。

ブラックタイドやディープインパクトの母ウインドインハーヘアは芝2400mの独GⅠを制した長距離馬で、子供たちも中長距離向きの血統と言えます。ウインドインハーヘアのスタミナは英GⅠキングジョージ6世&クイーンエリザベスSを制した母の父バステッドがスタミナ型であることに加え、3代母ハイライトがスタミナと成長力を伝えるハイペリオンの3×2の濃いクロスを持つ点が強く出たものだと考えられます。

ディープインパクトはヘイロー＝サーアイヴァーの相似な血のクロスの瞬発力を産駒に強く伝える種牡馬でしたが、ブラックタイドは異なり、切れ味というよりはウインドインハーヘアの父父リファールの我慢強さや母方のスタミナを活かした先行粘り込みタイプが多く、キタサンブラックも「逃げ・先行」戦法で数々のGⅠレースを制しました。

キタサンブラックの母方に目を向けると、母シュガーハートは不出走も、母母オトメゴコロは父ジャッジアンジェルーチのスピードを受け継ぎ芝で1勝、ダートで3勝とスピードを見せた快速馬でした。シュガーハートの母母父がリファールなので、父ブラックタイド×母シュガーハートの組み合わせから生まれたキタサンブラックは先行できると強さを見せるリファールの4×4のクロスを持ち、リファールの粘り強さを増した配合ということになります。

キタサンブラックは体高が非常に高く見栄えのする好馬体の持ち主でしたが、未出走の母に代替種牡馬の父を付けたという、血統的には地味な存在で、新馬戦こそ単勝7・9倍の3番人気でしたが2走目では48・4倍（1着）、3走目のGⅡスプリングSでは12・3倍（1着）と、勝っても勝っても人気にならない馬でした。初めて1番人気に支持されたのはGⅠを二つ勝った後、4歳10月の京都大賞典のことです。

母方のスピードで先行して父方のスタミナで受けるという理にかなった配合をしているのがキタサンブラックの血統の特徴ですが、キタサンブラックが3歳の秋に距離3000mの長距離レースである菊花賞に出走する際、「母の父が短距離馬サクラバクシンオーの馬が菊花賞で勝負になるのか？」という論争が盛んに行われました。

肯定派の意見としては、父の母がスタミナ豊富であることや、母の父サクラバクシンオーの母サクラハゴロモは天皇賞（春）と有馬記念を制したアンバーシャダイの全妹であり、サクラバクシンオーは血統だけ見ると純スプリンターではないため代を経れば距離をこなす馬が出ることが想像に難くなかったことなどがありました。例えばデインヒルやグリーンデザートなどダンジグ系の種牡馬はスプリント～マイル路線で強いことで知られますが、そのダンジグ系であるチーフズクラウンなどは距離をこなすように、血というのは代を経て性質が変わることがままあります。父系でひと括りにして馬を分析するのはお手軽なことかもしれませんが、それぞれの個体に目を向けて「この馬は祖先のどの血がオンになっているのだろう？」と考えるのはとても重要だと、キタサンブラックの血統表を見る度に考えさせられます。

種牡馬キタサンブラックは産駒にも辛抱強さやスタミナをよく伝えていて、初年度からイクイノックス（天皇賞・秋、有馬記念、ドバイシーマクラシック）を、2世代目からソールオリエンス（皐月賞）を出すなど順調な滑り出しを見せ、今後の活躍も期待されています。

キタサンブラック 5代血統表

ブラックタイド 2001 黒鹿毛	サンデーサイレンス Sunday Silence(米) 1986 青鹿毛	Halo 1969 黒鹿毛	Hail to Reason 1958 黒鹿毛	Turn-to
				Nothirdchance
			Cosmah 1953 鹿毛	Cosmic Bomb
				Almahmoud
		Wishing Well 1975 鹿毛	Understanding 1963 栗毛	Promised Land
				Pretty Ways
			Mountain Flower 1964 鹿毛	Montparnasse
				Edelweiss
	ウインドインハーヘア Wind in Her Hair(愛) 1991 鹿毛	Alzao 1980 鹿毛	Lyphard 1969 鹿毛	Northern Dancer
				Goofed
			Lady Rebecca 1971 鹿毛	Sir Ivor
				Pocahontas
		Burghclere 1977 鹿毛	Busted 1963 栗毛	Crepello
				Sans le Sou
			Highclere 1971 鹿毛	Queen's Hussar
				Highlight
シュガーハート 2005 鹿毛	サクラバクシンオー 1989 鹿毛	サクラユタカオー 1982 栗毛	テスコボーイ 1963 黒鹿毛	Princely Gift
				Suncourt
			アンジェリカ 1970 黒鹿毛	ネヴァービート
				スターハイネス
		サクラハゴロモ 1984 鹿毛	ノーザンテースト 1971 栗毛	Northern Dancer
				Lady Victoria
			クリアアンバー 1967 黒鹿毛	Ambiopoise
				One Clear Call
	オトメゴコロ 1990 栗毛	ジャッジアンジェルーチ Judge Angelucci(米) 1983 栗毛	Honest Pleasure 1973 黒鹿毛	What a Pleasure
				Tularia
			Victorian Queen 1971 鹿毛	Victoria Park
				Willowfield
		テイズリー Tizly(米) 1981 鹿毛	Lyphard 1969 鹿毛	Northern Dancer
				Goofed
			Tizna 1969 鹿毛	Trevieres
				Noris

走法・脚質・馬場適性

「いつも前にいた」キタサンブラックは後方からもGⅠ2勝をマーク

競馬ライター　福嶌弘

キタサンブラックのレース運びを思い出すと、「いつも前にいた」というイメージが強い。もともと気性も良く、ある程度スタートダッシュが利くタイプだったのでゲートを出てスッと前に付けていくのがいつものパターン。実際にキタサンブラックが走った全20戦中、スタートから1コーナーに向かうまでに5番手以内に付けられなかったのはデビュー戦に菊花賞、そして5歳時の天皇賞（秋）の3戦だけ。上がり3ハロンのタイムがメンバー中トップ3に入ったのもわずか4回と、切れる末脚を生かして差していくというよりも、先手を取って粘りこむレースで結果を残してきたことが窺える。

だが、後方からのレースになった先述の3レースとも、キタサンブラックは勝利を収めている。本来の型である逃げ先行策にこだわらなくても勝てるというところに自在性を感じざるを得ないが、そもそも何が何でも逃げたいというタイプでもなかったのは確か。スタートから4コーナーまで一度も他馬にハナを譲らない、いわば「完全逃げ切り」スタイルで走ったレースは7回あるが、結果は［3－1－3－0］。3勝ともすべてGIというのはさすがの貫禄だが、思ったよりも取りこぼしている。

本来の型ではない差しに回って3戦3勝の一方、ベストな戦法とも思える逃げを打った時の勝率が5割を切るというところが不思議だが、今思えばキタサンブラックの逃げはサイレンススズカやパンサラッサのような「スピードの違いで逃げている」という感じではなく、「展開的にもっとも勝ちやすいから逃げている」というニュアンスだったような気がする。なまじ中団に下げたことで馬群に包まれ、直線で動けなくなるような不利を受けるくらいなら、いっそ逃げてしまえばいい…と言わんばかりの余裕のあるレース運び。もちろん無尽蔵のスタミナと騎手の意のままに動ける気性の良さ、もっと言えば頭の良さがないとできない芸当ではあるが、キタサンブラックのレース運びを思い出すとソツなく走れることが彼の最大の魅力だったように思える。4歳以降、競馬界随一の騎乗テクニックと経験を持つ「競馬界のレジェンド」武豊騎手とタッグを組んだことも大きく影響しているだろう。

そしてキタサンブラックの個性とも言えるのがその走法。歴代の名馬たちの走りと比べると、キタサンブラックは頭を高くして走っていることが多かった。基本的に競走馬は頭を下げて走ることで前へ出ていく力が脚に伝わり、トップスピードに乗っていくもの。例えばディープインパクトは直線では頭を下げてストライドを伸ばし、まるで獲物を追いかけるチーターのようなフォームで前を行く馬たちを次々と交わし、鞍上の武騎手に「飛ぶように走る」と形容された。

ところがキタサンブラックはスタート直後から直線に入っても、何ならムチが入っても頭が高いまま。頭が高いとストライドが広がりにくいのでどうしてもトップスピードに乗りづらいというデメリットがあるが、キタサンブラックは頭を高くしたままでも大きなストライドで走ってトップスピードに乗り、数々の大レースを制した。理論上はあり得ないと言っても過言ではない矛盾のある走り方を見せていたが、それを可能にしたのは彼自身の馬体なのかもしれない。

優に500キロを超える馬体は大型馬特有の鈍重さは微塵も感じられず、筋骨隆々で鈍重どころかむしろフォトジェニックですらあるほどの好馬体。どこかシャープささえ感じさせる要因はその脚の長さ。脚が長いからこそストライドが自然と大きくなり、頭の高さに関係なくトップスピードに乗っていったのだろう。ちなみにキタサンブラックの馬体の特徴は産駒にも受け継がれているケースが多く、代表産駒のイクイノックスをはじめ、馬体を見ただけでもキタサンブラックの産駒だとわかるほど脚が長くて見栄えのする馬が多い。彼の産駒が昨今の競馬界を席巻している理由がこれで何となくわかるだろう。

また、頭が高いまま走る馬は得てして道悪が上手いもの。キタサンブラック自身、重馬場以上の馬場状態で走ったのが5歳時の天皇賞（秋）のみだが、ライバル馬たちが道悪馬場に脚を取られる中でも楽々と突き抜けて勝利したように、道悪適性の高さを大観衆の前で示してみせた。

そしてこのレースこそ、キタサンブラックの個性が最も現れていたようにも思う。

この馬にしては珍しくスタートで出遅れて最初のコーナーの通過順位は18頭中11番手と、生涯で最も後ろからのレースに。それでもキタサンブラックは無理に前を追いかけることなく馬群の中で脚を溜めて、3コーナーを過ぎる頃から徐々に進出。4コーナーから直線に入る頃、他の馬たちが少しでも馬場のいい外の進路を選択する中でキタサンブラックは敢然とインコースを突いて、直線を向いてすぐに先頭に。頭は高いまま、けれどストライドを大きく広げて走ることでスピードが出にくい馬場に対応。直線の長い東京で残り400m以上のところで先頭に立ってそのまま押し切るなんてとても考えられないが、彼が持つ無尽蔵のスタミナと抜群の道悪適性、そして完歩が大きいストライド走法…キタサンブラックのすべての個性がハマり、迫りくるサトノクラウンを振り切って勝利。圧倒的人気に推されながらも惨敗した宝塚記念のリベンジを果たし、見事に天皇賞・春秋制覇を達成した。

出脚が付かずに後ろからのレースになろうと、雨が降ろうと…キタサンブラックはやっぱり、いつも前にいた。

誕生

「夢の舞台へ連れていってくれた」縁を感じるキタサンブラック誕生秘話

ヤナガワ牧場　梁川正普

キタサンブラックは、様々な縁によって誕生した馬でした。

キタサンブラックの祖母であるオトメゴコロは、ノーザンファームの生産馬です。実家のヤナガワ牧場で働く前、私がノーザンファームにお世話になっていたという縁もあって、繁殖牝馬の新戦力として牧場に導入させてもらったのが、オトメゴコロでした。私も良い仔出しを期待して張り切っていたものの、彼女は1頭のみを産んでこの世を去ってしまいます。それが、キタサンブラックの母であるシュガーハートです。シュガーハートはサクラバクシンオー産駒ですが、それは私の父がサクラユタカオーを好きだったことが関わっています。サクラユタカオーは京都牝馬特別を制したスティーナや函館記念を制したヒガシマジョルカなどを輩出しているように、牧場としても実績のある種牡馬でした。そのため、サクラユタカオーの血を繋ぐサクラバクシンオーは、私たちにとって印象の良い種牡馬だったのです。不出走で引退し、繁殖牝馬となったシュガーハート。初仔のアークペガサスは途中まで自分たちで所有していましたが、門別で3勝を挙げたのち中央でも条件戦で2着まで食い込んだ馬でした。続いて産まれた仔がのちの活躍馬ショウナンバッハだったのですが、見てすぐにわかるような良い馬で「やっぱり仔出しが良いなぁ」と喜んでいたのを覚えています。

ショウナンバッハの父は当時すでに活躍馬が出ていたステイゴールドで、ショウナンバッハと似た雰囲気を求めて同じ配合を続ける選択肢もあったのですが、色々な配合を試してみたいという考えから、次年度はあえて別の種牡馬を選ぶことにしました。当然ディープインパクトは高い評価を受けていましたが、馬っぷりの良さでいえばブラックタイドも素晴らしいものがありました。私が役員をやっているブリーダーズ・スタリオン・ステーションで供用されていたということもあり、種牡馬ブラックタイドのPRも含めて配合相手に選びました。ですから、キタサンブラックは、縁あって導入した繁殖牝馬の子孫と、力を入れていきたいと思っていた種牡馬との間に生まれた馬なのです。

キタサンブラックが誕生した当初の印象は「形の良い馬だな、やっぱりこの母は仔出しが良いな」というものでした。ただ、それはあくまで最初の印象です。通例、幼いサラブレッドは縦と横で交互に成長を繰り返して大きくなっていくものですが、キタサンブラックは途中から上にばかり伸びていったので、横幅のないひょろっとした馬体になりました。ぱっと見では、兄のショウナンバッハの方がわかりやすく良い馬だったと思います。キタサンブラックの同期にはバランスが抜群に良い馬がいて、それが後々CBC賞などを制覇するアレスバローズだったのですが、牧場に来た関係者はそちらに目を奪われていました。ただ、キタサンブラックについても、強く不安視していたかと言えばそうではなく、昔から「馬は変わった方が走る」と言われるように、名馬というのは一時的に形が崩れかけたりしながらもどんどんバランスが良くなっていくものだと考えていました。

キタサンブラックは牡馬らしく多少は気の強いところがありましたが、基本的に手のかからない性格ですし、育成牧場に行ってからも順調ということは聞いていました。時折、動画などを見せてもらっては「良くなっているなぁ」と手応えもありましたが、結局はデビュー戦のゲートが開くまではどうなるかわからないのが競走馬です。緊張しながらデビューを見守りました。デビュー戦と2戦目で、ようやく「この展開でこの勝ちっぷりなら、将来は良いところまで行けそうだな」と思わせてくれました。さらに続く3戦目では重賞を制しましたから、いよいよ「夢を見れるのかな」と思い始めます。とは言え、あれほど出世するというのは思っていなかったのが正直なところです。レースごとに強くなるタイプで、「あ、こんなレースもできるんだ」と唸らせられたことも一度や二度ではありませんでした。

一番思い出に残っているのは、実はダービーです。生産者として夢の舞台ですから、ダービーに出てくれたのは本当に嬉しかったです。大敗してしまいましたが、今でもあの日のワクワクは心に刻まれています。その後は大敗が嘘のように、多くのGIを制覇。GIは出走するだけでも大変ですが、それで勝負になるような格好で、人気を背負って出走できるというのは本当に光栄なことです。学生時代や牧場で働き始めてGIがとれていない頃、競馬に携わる者としてGIを制した後のアナウンスを「今回はあの牧場さんか、すごいなあ」と羨んでいたのですが、うちの牧場からもそんな馬が出たんだなと嬉しくなりました。牧場に生まれ、窓を開けたら馬がいるという環境で育ってきた自分にとって、キタサンブラックのような名馬に巡り会えた喜びは大きく、ずっと追いかけてきた夢や目標が叶った思いです。

そして、引退後のキタサンブラックにも驚かされました。自分の生産馬が大レースで勝ち続けるというだけでもすごいことなのに、種牡馬としても活躍するというのはさらに稀有なことです。GIをたくさん制していても、海外から鳴り物入りで輸入されても、「意外と…」という評価で終わってしまう種牡馬は多いですし、それが競馬の世界だと思っています。そこで結果を残したというのは、自分の生産馬でありながら遠いところにいってしまったような感覚すらあります。今では配合したくてもスケジュールが空いていないほどの人気種牡馬になってくれました。どうか体調を崩さず長生きして、どんどん活躍馬を出していって欲しいですね。

（構成・緒方きしん）

競馬が好きだったキタサンブラック「逃げ」ではなく「一番手を走る」名馬

JRA騎手 **武 豊**

元々キタサンブラックのレースぶりは近くで見ていたので、能力の高そうな馬だなと感じていました。ぼんやりとではありますが、その頃からいつかは乗せてもらいたいと思っていましたね。コンビを組む前で印象に残っているレースと言えば、ダービー。積極的な競馬でしたし、最後はバテてしまったものの、見どころのある走りでした。これからどんどん良くなっていきそうな馬だな、と将来に希望を持てるレースだったと思います。

夏を越すと馬が見るからに逞しくなっていました。横から見ていても格好の良い、目を惹く馬でしたね。僕はキタサンブラックの父であるブラックタイドに乗っていたんですが、あの馬も薄めで背の高い、サンデーサイレンス産駒らしい格好の良い馬でした。同じ血統でもディープインパクトとは違うタイプの馬体と言えます。

そんな風に思っていた馬ですから、年明けに大阪杯の依頼が来た時は嬉しかったです。調教段階から乗り味の良い背中で「これは思っていた以上に良い馬だな」と驚きました。すでに菊花賞を勝っていましたが、まだまだ成長の余地を残していましたし、このまま成長していくとトップレベルに到達するだろうなという手応えもありました。レースでは、今後の布石という意味でも、一旦は自分から進むような競馬をさせて能力を試してみました。最後はアンビシャスに捕まりましたが、悪くない一戦でした。続く天皇賞（春）でもハナを奪う競馬となりましたが、あれは1枠1番という枠順や相手関係を見ての判断で、特に逃げにこだわったつもりはありません。あのレースも勝つには勝ちましたが、2着とはハナ差ですし、どちらかと言えば「もっと良くなってくれないと！」という感想でした。それほど、もっと良くなりそうな雰囲気を感じていたとも言えます。宝塚記念で3着に敗れた際も、あのようなタフなレースになると最後は疲れてしまうようなところがまだ残っていましたから、「現時点だとこんなものだろうな」というのが正直な感想でした。

4歳秋に成長して戻って来てくれると、京都大賞典では前哨戦らしく「あとひと叩きは欲しいかな」というコンディションでしたがしっかりと勝利し、続くジャパンCでは強い競馬ができました。有馬記念は直線で余力なく差し切られてしまいましたが、この敗北にはキタサンブラックの性格が大きく関わっています。

キタサンブラックはいつも利口で、パドックでもおとなしいんですが、レースが近づくとハッキリと走りたい気持ちになる馬でした。競馬が好きだったんでしょう。他の馬よりもパワフルというのもあり、馬場入場・返し馬・ゲートと、戦闘モードに入ったキタサンブラックを制御するのは一苦労でした。ゲートが開きさえすれば楽なのですが…。やんちゃで変なことをするタイプではなく、純粋に走りたいというタイプ。調教は調教、レースはレースとわかっているようでした。ゲートに入ってからもずっと走りたい気持ちが出ていたので、ゲートが開くその瞬間までなんとか気を逸らすことで、どうにか出遅れないように気を配っていました。

そういう性格ですから、前に馬がいないほうがリラックスして走るタイプでもあります。前に馬がいるとどうしても抜きたくなって、余計に戦闘モードに入ってしまいます。2000m戦くらいのペースであれば道中も抑えやすいんですが、有馬記念くらいの距離になってくると先手を取った方が消耗しないんです。4歳の有馬記念は逃げるマルターズアポジーが常に視界に入っていたから、最後はバテてしまったのでしょう。前に馬がいると抜きたがるのは、レースが好きなキタサンブラックの持つ特徴の一つでした。

性格的にはディープインパクトも似たような感じの馬でした。ディープインパクトの場合はスタートが遅かったので後方でなんとか抑える必要がありましたが、キタサンブラックはスタートが速かったので先頭に立っていたんです。もしスタートが遅かったなら、それはそれでディープインパクトのような追い込む競馬もやれていたと思います。

道中で一生懸命になるようなところをどうにかできれば、絶対に逃げなくてはいけないタイプではありませんし、そもそも僕はキタサンブラックに逃げ馬というイメージを持っていません。あくまで「逃げた方が確実性がある」というだけで、逃げというよりは、ただ一番手を走っているという方が近かったです。逃げる馬がいるならどうぞと思いますし、絶対に行きたいという馬がいない時に自分が先頭を走っていた感じです。5歳の大阪杯は、そのイメージで乗りました。

5歳になると本当に強くなり高いレベルで安定していたキタサンブラックですが、レース前にいつもと雰囲気が違うなと思ったのが、その年の宝塚記念でした。いつもなら戦闘モードに入っている返し馬やゲート裏でもおとなしくて「どうしたんだろう、らしくないな」という感じがありました。ただ、結果が出るまでどちらに転ぶかわかりませんから「この落ち着きが、逆に良い方に出るかも」と思いながら走ってみたのですが、大敗でした。

天皇賞（秋）では、戦闘モードに戻っていましたが、遂に出遅れてしまいます。かねてより心配していたところが出てしまったわけですが、いつでも出遅れる可能性のある馬なのでそのパターンの競馬は常にシミュレーションしていました。大雨の特殊な馬場でしたが、返し馬でも気にする素振りはなかったので、「あ、出遅れた」と思いつつ内側からの競馬を意識して乗りました。ジャパンCは、レース前にはそれなりに普通っぽい感じはしたんですが、レース結果を見る限り大雨の天皇賞（秋）の疲れが抜けきっていなかったのかな、とは感じています。有馬記念は厩舎の方で工夫して調整してくれていたので状態は良く、有終の美を飾ることが出来ました。もうこの頃には、良い状態で出たら勝てるような強さを身につけていましたね。普段から黒岩悠くん、荻野極くんたちがよく調整してくれていたのも後押しになりました。二人とも騎手だから話しやすく、手厚くサポートしてくれました。5歳シーズンが一番強かったですし、現役を続けていたらもっと勝っていたとは思います。

ディープインパクトのようなレースもできたと思っているからこそ、できればマイルのGⅠ競走にも挑戦してみたかったという気持ちはあります。おそらく、中団後方からごぼう抜きにするような競馬がやれたはずです。きっとダートもいけたはずで、フェブラリーSでも圧勝できたんじゃないでしょうか。直線で追い込む姿がイメージできます。凱旋門賞も出走が叶っていたら楽しみだと思えるような馬でしたが、天皇賞（秋）→ジャパンC→有馬記念と続けて出てくるというのも素晴らしいことなので、挑戦ができなかったことが心残りというわけではありません。得意条件のわからない、良い意味で摑みどころのない馬でした。

今まで乗ってきた名馬の中でも、キタサンブラックは非常に強かったです。強くなる名馬、というのが大きいですね。最初に乗った時と引退の時では全然レベルが違いました。大きな故障をせず、レースと調教でどんどん強くなっていきました。大きい馬というのは脚元などの負担が大きいと言われていますが、走りのバランスが良く綺麗なフォームの馬だったので、局所的な負担などがなかったのかもしれませんね。ジョッキーからすると気持ちの良い背中の馬でした。

引退後は毎年夏にスタリオンに会いに行っていますが、体型も崩れることなく相変わらずイケメンです。馬房から出てきて普通に歩いているだけでも雰囲気がありますね。種牡馬としてもすごい活躍をしていますが、当時から走るだろうなと思っていました。血統的な裏付けもありますし、スピードもスタミナもありますから。今の活躍を見ても「ああ、やっぱりな」という感じです。

キタサンブラックは、競馬を知らない人でも知っているような名馬でした。自分が乗っていた2年間は「キタサンブラック中心の2年間」。生活にもハリが出ましたし、スターホースとして全部の王道レースに出てくるから乗っていて嬉しいなという気持ちもありましたし、スター性もありましたし、いろいろな人から声をかけてもらいました。競馬以外のメディアからも注目される中、しっかり勝ち続けたのは立派です。王道をずっと走った、今の時代にはあまりいないような馬です。タフさがすごかったですし、天皇賞（春）をレコードで勝って天皇賞（秋）を土砂降りの中、勝つような馬はなかなか出てこないでしょう。

彼と歩んだ2年間は、有意義な、良い日々でした。

（構成・緒方きしん）

第四部　キタサンブラックの記憶

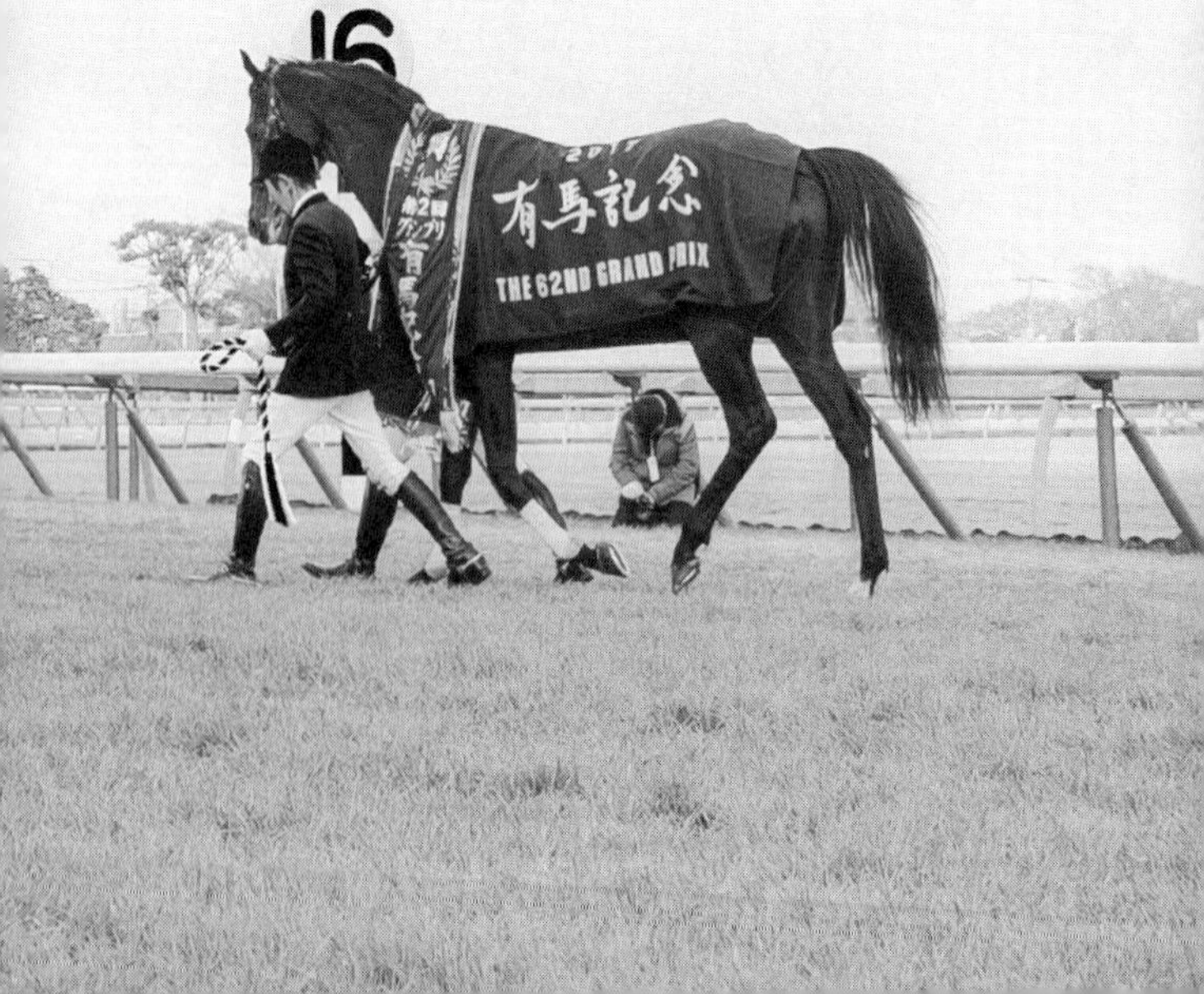

有終の美を見事に飾ったラストランや、
初年度から活躍馬を送り出した種牡馬生活。
他にも絶対的な信頼を得た馬券の妙味など

自身の集大成となる2017年有馬記念で見事に勝利。次のステージへと旅立っていった。

記憶1

ラストランで勝利を飾った名馬たち

有馬記念、ジャパンC、海外レース…引退レースで勝利を挙げた名馬たち

3回目の出走となった有馬記念でGⅠ7勝目を挙げターフを去ったキタサンブラック。1枠2番から好スタートを決めるとハナを切り、直線に入っても脚色は衰えない。多くのファンが「これで引退は…もったいない」と感じる驚異的なレースをして見せた。後続につけた着差はシンボリクリスエスやオルフェーヴルほどではないが「ハナを切って直線で再度伸びる走り。これぞキタサンブラックの真骨頂」と感じさせてくれた。

歴史的な名馬が先頭で駆け抜ける。これも有馬記念のイメージであろう。オグリキャップやトウカイテイオー、シンボリクリスエス、ディープインパクト、オルフェーヴル。さかのぼればシンザンやスピードシンボリ、グリーングラスも有馬を勝ってターフを去った。名馬が種牡馬として「第2の馬生」に入る、ベストな区切りとなるのも有馬記念であり、レース特有の味わいを与えてくれる。

そんな中、近年はジャパンCをラストランとする馬も増えてきた。2020年アーモンド

アイと21年コントレイル。アーモンドアイは史上最多となる芝GI9勝目を挙げてターフを去った。最後は有馬記念を走っても…と感じたが、前走で天皇賞（秋）を勝っており、引退のタイミングとしてはベストだったかもしれない。1シーズンに2戦という大事な使われ方をしたことや、全15戦で唯一惨敗したのが前年の有馬記念（9着）だった歴史的名馬でもあり、無理はさせなかったのだろう。

コントレイルもアーモンドアイと同じく1シーズン2戦をメドとした。ホープフルSを勝って2歳王者となると、トライアルを走らず皐月賞とダービーを無敗で制してみせた。歴史的名馬である父ディープインパクトは、引退前に凱旋門賞（失格）に挑戦後、ジャパンCと有馬記念を連勝して見せた。つまり1シーズンで3戦走ったが、12年後の馬場はアーモンドアイが世界レコード（ジャパンCの2分20秒6）で駆け抜けるほどの高速馬場であり、脚元にかかる負担は大きすぎる。

これも、2頭の名馬が2戦でシーズンを終えた大きな理由の一つだ。

海外GIのラストランを勝利で飾った馬の代表格がステイゴールドだ。通常の名馬は20戦前後でターフを去る中、頑丈だった同馬の引退レースは何と50戦目。「シルバーコレクター」として人気を集めた同馬のラスト勝利は、競馬ファンが味わったことのない感動のレースだった。

以上は引退までローテーション通りに走った馬だが、故障を発症して早々にターフを去った馬も少なくない。古くはアイネスフウジンやサニーブライアン、タニノギムレット、最近ではロジャーバローズがダービー後に引退を決めている。ダービー2着の雪辱を果たして菊花賞を制したダンスインザダークも屈腱炎を発症して早々に種牡馬入りした。

ここまではラストラン勝利を見てきたが、「最も惜しかったラストラン」といえばスペシャルウィークの有馬記念だろう。

4歳（現3歳）時にダービーを勝ち5歳春の天皇賞でGⅠ2勝目。秋は天皇賞・ジャパンCと連勝して99年の有馬記念を迎えた。14頭立て14番手＝最後方からの競馬で直線一気。同じく後方から鋭い脚を繰り出したグラスワンダーとの勝負は「どちらが勝ったか」わからぬ大接戦。ガッツポーズをした鞍上の武豊騎手はウイニングランもして見せたが、写真判定の結果4センチ差の2着。GⅠ5勝目を逃したどころか、史上初となる「秋古馬三冠完全制覇」（翌年にテイエムオペラオーが、04年にゼンノロブロイが達成）を逃してしまった。

もう1頭、絶好調時に迎えた引退レースでまさかの3着となったのがタイキシャトルだ。GⅠ3連勝を含む重賞8連勝を遂げ、引退レースとなったスプリンターズSでは単勝1・1倍の圧倒的支持を集めたがマイネルラヴの差し脚に敗れてしまった。多くの競馬ファンが「まさか負けるとは…」と感じたレースだった。

有終の美を飾って子孫を残す。競走馬として理想的な歩みを見せた馬は表の通り。次はどの馬が、ここに名を刻むだろうか。

（小川隆行）

馬名（GI勝利数）	ラストレース（馬齢）
アイネスフウジン（1）	90年日本ダービー（3）
オグリキャップ（4）	90年有馬記念（5）
トウカイテイオー（4）	93年有馬記念（5）
サクラバクシンオー（2）	94年スプリンターズS（5）
トロットサンダー（2）	96年安田記念（7）
ダンスインザダーク（1）	96年菊花賞（3）
マヤノトップガン（4）	97年天皇賞・春（5）
サニーブライアン（2）	97年日本ダービー（3）
エアジハード（2）	99年マイルCS（4）
ブラックホーク（2）	01年安田記念（7）
ステイゴールド（1）	01年香港ヴァーズ（7）
タニノギムレット（1）	02年日本ダービー（3）
シンボリクリスエス（4）	03年有馬記念（4）
シーザリオ（2）	05年アメリカンオークス（3）
ディープインパクト（7）	06年有馬記念（4）
アドマイヤムーン（3）	07年ジャパンC（4）
ダイワスカーレット（4）	08年有馬記念（4）
ロードカナロア（6）	13年香港スプリント（5）
オルフェーヴル（6）	13年有馬記念（5）
ジェンティルドンナ（7）	14年有馬記念（5）
ストレイトガール（3）	16年ヴィクトリアM（7）
モーリス（6）	16年香港C（5）
キタサンブラック（7）	17年有馬記念（5）
ロジャーバローズ（1）	19年日本ダービー（3）
リスグラシュー（4）	19年有馬記念（5）
アーモンドアイ（9）	20年ジャパンC（5）
グランアレグリア（6）	21年マイルCS（5）
コントレイル（5）	21年ジャパンC（4）
ラヴズオンリーユー（4）	21年香港C（5）

GIレースの勝利がラストランとなった主なGI馬
※平成以降限定。馬齢は現表記。

記憶 2

一子相伝の名馬

キタサンブラック以外にもいる「父が残した唯一のGI馬」

ブラックタイドとキタサンブラック。この父仔は「一子相伝の名馬」である。

父ブラックタイドはデビュー戦で後の天皇賞（秋）2着馬スウィフトカレントに3馬身半差の快勝をした。3戦目の若駒Sを勝つと、きさらぎ賞2着、スプリングSを優勝。この実績が注目されて皐月賞では2番人気に推されたが16着。大惨敗した要因ははっきりしないが、皐月賞後に屈腱炎を発症する。

2年の休養を経てターフに戻るも、デビュー時の能力は翳《かげ》りを見せたのか、オープンや重賞で16戦するも勝つことはできなかった。

全弟のディープインパクトが「史上最強馬」となったことで、全兄ブラックタイドも種牡馬として注目された。産駒は1000頭ほど生産され、初年度産駒ではテイエムイナズマが、2年目産駒はマイネルフロストが重賞ウイナーとなる。3年目に生まれたのがキタサンブラックだった。GI馬はキタサンブラックのみ、獲得賞金も同馬が抜けていた。

このように「1頭だけ抜けた名馬が誕生した親仔」＝「一子相伝の名馬」は他にも存在する。代表的なのがシンボリルドルフとトウカイテイオーだ。

GI7勝を挙げ「史上最強」と称されたシンボリルドルフは700頭ほどの産駒を送り出したが、GI馬はトウカイテイオー1頭のみに終わった。種牡馬としての活躍期待値を大きく下回った、その理由はいくつか考えられるが、最大の要因は「海外種牡馬」だろう。

ルドルフの初年度産駒だったトウカイテイオーは父と同じく無敗でダービーを制覇。菊花賞は故障で出走できずに終わったが、故障にめげず何度も復活してジャパンCと有馬記念を制するなど、競馬史に刻まれる名馬となった。しかし、テイオーが活躍した直後にサンデーサイレンス、ブライアンズタイム、トニービンと海外から輸入された3頭の産駒がGIレースを席巻《せっけん》した。

見方を変えれば、トウカイテイオーの活躍は「社台グループ全盛期の直前」という時期的要因もあったかもしれない。

そのトウカイテイオーも800頭以上の産駒を輩出したが、芝GIを制した牡馬（セン馬）はトウカイポイント（2002年マイルCS）1頭のみ。テイオーの種牡馬初期は「サンデー産駒」という壁が、末期は「ディープ産駒」という壁に阻まれてしまった。結果として親仔とも「一子相伝の名馬」となってしまった。

「一子相伝の名馬」は数例ある中、親仔とも日本で走った馬としてはアイネスフウジンとファストフレンドが挙げられる。

90年の日本ダービーを逃げ切り「中野コール」に包まれたアイネスフウジンは374頭の産駒を輩出する中、唯一のGI馬となったのがファストフレンドだ。JRA重賞の東海Sを勝つと、帝王賞、東京大賞典と地方交流ダートGIで2勝をマークした。

初年度産駒は52頭が誕生、出世頭は重賞未勝利のイサミサクラ。2年目も48頭輩出したが、出世頭のヘッドラインでさえ同じく重賞を勝てなかった。ファストフレンドは3年目の産駒だったが、それ以降はデビューは4歳（現3歳）春、重賞初制覇も6歳春。この馬の活躍で種牡馬生活が10年ほど続いたが、GI馬を出せずに終わっている。

以上の3例は父が内国産GI馬だが、父=輸入種牡馬ではシェリフズスターとセイウンスカイが代表例だ。

89年のコロネーションCとサンクルー大賞を勝ったシェリフズスターは日本に輸入されるも、産駒は94〜97年の4年間で合計57頭が出走、勝ち上がりはわずか12頭。2勝馬がわずか3頭という状況で生産牧場を去った。残された産駒も期待薄だったが、5年目に超のつく大物が現れた。皐月賞と菊花賞を制したセイウンスカイだ。ハナを切った菊花賞はスペシャルウィークを寄せ付けず、5歳（現4歳）初戦の日経賞では同じ父を持つセイウンエリアとのワンツーフィニッシュを遂げる。その後屈腱炎を発症して長期休養。引退後は72頭の産駒を誕生させるも、出世頭はニシノプライド（船橋S優勝）とオープン馬1頭に終わってしまった。

最後に取り上げたいのが、歴史的名馬オグリキャップだ。米国産の父ダンシングキャップは重賞制覇がないまま日本に輸入された。600頭以上の産駒が生産される中、オグリキャップが有馬記念（2勝）、安田記念、マイルCSを制覇。GIどころか重賞ウイナーもグレード制導入以降は同馬だけに終わっている。オグリも300頭以上の仔を世に送ったが重賞ウイナーは皆無だった。

オグリキャップのように「父がGI未勝利」だったGIウイナーの代表例がカンパニーだ。父ミラクルアドマイヤは3戦1勝に終わるも、日本ダービーを勝った半兄フサイチコンコルドを筆頭に、半弟アンライバルドが皐月賞を制した。他にも全姉グレースアドマイヤ（府中牝馬S2着）、半弟ボーンキング（京成杯優勝）と兄弟に活躍馬が多く、200頭以上の仔を送り出し、カンパニーがその血を受け継いだ。

以上、「一子相伝の名馬」とは「奇跡的な存在」である。同じ父を持つ馬の中でずば抜けた存在になるものの、その確率は1％に満たない。

このようなパターンを見ていくと、「一子相伝の名馬」だったキタサンブラックの種牡馬としての活躍は、これまでにない事例と言えるかもしれない。


（山口昭）

記憶3

返し馬からひも解く、王者の真の姿

陣営が一番の出来と評したレースの返し馬で見せたキタサンブラックの本気度がわかるある特徴とは!?

身体が完成した5歳シーズン、圧倒的なパフォーマンスを見せたキタサンブラック。だが宝塚記念では、不可解なほどの大敗を喫する。それは、清水久詞調教師、武豊騎手をして、原因はわからないと言わしめた――。

「勝利した際のキタサンブラックとは、直前の馬の様子に何か違いがあったのではないか」と考えた私は、パドック・返し馬を繰り返し見ることで、いくつか仮説を立てた。そしてその説を深掘りするうち、キタサンブラックの新たな魅力に気がついた。本稿では、陣営が一番の出来と評した天皇賞(秋)の返し馬とパドックを至上とした上で、大敗した宝塚記念との違いを探っていきたい。

まずは、1着だった天皇賞(秋)の返し馬。この時キタサンブラックは、首を胸に付かんばかりに強く曲げて、馬場へ飛びだした。これは「鶴首」と呼ばれる、鶴のように首を曲げている状態だ。この形で返し馬をする馬はたまに見かけるかもしれないが、これにも良し悪しがある。馬が自分で体重を支えずハミにぶら下がったり、ハミから逃れるために下方に潜ったりしていても、形だけは同じように見えるのだ。

しかし、この時のキタサンブラックは明らかに〝悪い〟方の鶴首ではない。その証拠に、武騎手が肘を前に出して手綱を少しくれてやると、キタサンブラックはきっちりその分だけ首を起こしてのびのびと走っている。〝悪い〟鶴首の場合、馬に手綱を譲っても、ハミにぶら下がっている状態のため、バランスを崩してしまうだけである。

つまり、キタサンブラックは、バランスが保たれている上、武騎手の手綱の握りに対し、反抗することなくしっかり我慢が利いている。そして後肢を腹につくほど振り上げ生まれる強烈な推進力。そのエネルギーが、身体に充満しているのがわかる、良い返し馬だ。

一方の、宝塚記念の返し馬を見てみよう。こちらは単純に言うなら、鶴首ではない。だが、別に鶴首でないことだけで悪いと断ずることはできない。なぜなら前述した良い返し馬、つまり「エネルギーが充満している」「手綱を握られたら我慢が利く」「バランスが保たれている」といった状態は、当然、鶴首でなくても存在するからである。現に、多くの名馬は鶴首で返し馬をしない。それに、武騎手はこの時の返し馬も問題なかったとコメントしている。

ではなぜ、この時のキタサンブラックは走らなかったのだろうか。

一つ目の仮説が「キタサンブラックは鶴首でないといけなかった」というものだ。馬が今にも走りそうなパワーが溜まった状態は、弓にたとえることができると思う。馬のエネルギー、推進力は後肢で生み出される。それを騎手が手綱を握って、そこから繋がったハミの部分で溜める。その溜めを解放し、一気に矢を放つごとく加速するイメージである。

5歳で完成したキタサンブラックの身体は、とにかく大きい。立派な首に長い四肢。普通の馬が弓とするならば、キタサンブラックはさながら大弓だ。だからこそ、鶴首になる程しならせて、引き絞って引き絞って、初めて十分なエネルギーが満ちるのではないか。つまり、宝塚記念の「普通の馬なら問題のない」くらいの返し馬では、この馬の身体の持つエネルギーの全てが発揮できなかったのである。

二つ目の仮説は「鶴首がキタサンブラックの気分を特別に示すものであった」というものだ。

この鶴首だが、騎手が強く手綱を握ったとして、馬がハミを嫌がって顔を上げたりしては起こらないことはわかっていただけると思う。馬がハミを受け入れてこその状態だ。さらに、受け入れていたとして、許容量以上に強く手綱を持ち過ぎれば、馬は嫌がってしまう。逆に考えると、鶴首の時のキタサンブラックは、武騎手にそれ程手綱を持ってもいいと思わせるほどハミを受け入れる気があったのではないか――。

その仮説をもとに、今度はパドックに目を向けてみる。

天皇賞（秋）のパドック。キタサンブラックは静かに頭を下げ、顎を引いている。騎手が乗って手綱を握ったなら、どこまでもハミを受け入れてそのまま鶴首になりそうな雰囲気である。大阪杯、天皇賞（春）、有馬記念。どれも天皇賞（秋）ほどではないが、顎を引く仕草にはハミを受け入れようという態度が見える。

そして、宝塚記念のパドック。

なんとキタサンブラックは顎を引くどころか、鼻面を前に突き出して「良い時」とは反対に動かしているではないか。ひょっとして、宝塚記念のキタサンブラックには、鶴首になるほどハミを受ける気が、本気で走る気が、なかったのではないか…。

名馬と呼ばれる牡馬には、本気で走ればいつでも勝てるというのに、走る気がない時は走らない我の強い馬が目立つように思う。オルフェーヴルや、ゴールドシップが真っ先に思い浮かぶ。安定感のある戦績からそう考えていなかったが、実はキタサンブラックもこういった馬たちと同じタイプだったのでは…という想像は、飛躍し過ぎだろうか。

だが、もし宝塚記念の敗因は、馬が本気で走る気がなかっただけだとしたら——私は、キタサンブラックの新しい魅力、底知れぬ強さを垣間見た気がするのである。

（緑川あさね）

記憶
4

キタサンブラックの旅立ち「お別れセレモニー」

あたたかくて楽しくて、やっぱり寂しい
ラストランとなった2017年有馬記念観戦記

慣れ親しんだ顔ぶれが呼ばれ、次々とスポットライトの下へやってくる。古馬になってからの名レースをともにした騎手に続き、初タイトルで手綱を執った騎手。厳しくもあたたかくキタサンブラックを育ててきた調教師も姿を見せる。すっかり日の暮れた競馬場にとどまる5万人の観衆が熱く彼らを見守る。キタサンブラックのお別れセレモニーだ。

キタサンブラックをめぐる物語には多くの魅力的な登場人物がいた。けれど、中にはもうこの世にいない人もいる。新馬戦でコンビを組んだ騎手だ。彼はキタサンブラックのその後を知ることなく、天へと旅立っていった。彼の命日である2月27日には多くの人が、彼の駆け抜けたレースや思いやりとユーモアに満ちた人柄を、そしてキタサンブラックの新馬戦を思い出す。その度に空の向こうの彼の周りにたくさんの花が吹雪いてほしい。今日だってレースの後、キタサンブラックの鞍上は天を仰ぎ見て彼に報告していた。

ほんとうに賑やかなセレモニーだ。これからキタサンブラックへの感謝を込めて作られた

歌が流れるという。天国の彼も遠くで楽しんでいてほしい。

新馬戦の映像に始まり、これまでのキタサンブラックの足跡が歌に合わせて大モニターに流れる。レコード決着に痛快な逃げ切り、数々のお祭り騒ぎがあった。感謝のこぶしは1番、2番と続き、観客も手拍子で応える。どこから持ってきたのかペンライトを振る人もいる。間奏、3番へと及んだ時には、あまりに豪華なフルコーラスに度肝を抜かれて会場はどよめく。我々も数々の名馬の旅立ちを見てきたが、何せこんな門出の形は初めてなのだ。

おっと、ステージに調教を手がけてきた男がいない。その男は、デビュー15年になる騎手だ。かつて落馬で大怪我をして以来、勝ち星が遠ざかった。一時は引退も考えたというが、今日まで現役を続けている。苦労人である。彼はレースの傍ら、調教を任されるようになった。その1頭がキタサンブラックで、デビュー前からの付き合いだ。スタートや走り方などを丹念に教えてきた。だからキタサンブラックの活躍は彼なしでは語れない。

壇上から呼ばれると、どこか照れ臭そうにおずおずとスーツ姿で出てきた。呼ばれるまで出てこないなんて、控えめで慎ましい。彼は話を振られると「今日は（調教師の）先生と一緒に見ていました。乗っていないのに緊張しました」と。そこにレースで手綱を執った騎手が「彼の指示通りに乗りました」と笑いを誘う。

彼にはいつか騎手の勝負服で、大きな表彰台の真ん中にいてほしいものだ。それは6年後の春のＧⅠで果たされる。「そうか、あのキタサンブラックを育てた彼がついにやったか」と世の中がたくさんの祝福を送ることになる。その翌日にはキタサンブラックの子どもが初めてクラシックを勝つ。けれどこれらはもう少し先の話。元号が変わって、何年かしてからのこと。今はまだ誰も知らないけれど、今日の別れはそんな未来に繋がっている。

さあ、ようやく主役の登場だ。有馬記念と記された紫の馬着を着て、キタサンブラックがやってきた。流れるＧⅠの本馬場入場曲の雄大なメロディも、彼にぴったりだ。

相棒を見つめるように、あこがれた存在を仰ぐように、最愛の我が子を見守るように、この場にいた全ての人々がそれぞれのまなざしを送る。

こんなふうにキタサンブラックと競馬場で会えるのも今日が最後かもしれない。彼は再び北の海峡を越えて、次の役目を果たしにいく。「一番輝かしいときに引退させてあげたい」少し寂しい気もしたけれど、英断である。思い出の中のキタサンブラックが一番強いままでいてくれるのだ。なんと幸せなことだろう。

キタサンブラックはこれまで、彼を最も愛する人から我が子のように見守られてきた。そして神様からの贈り物、と語られてきた。振り返れば春の古馬王道を連勝、海外も見据えて挑んだ宝塚記念。健気に走るも伸びずに馬込みの中へ沈んでいった。その時凱旋門賞を諦めたのも、彼の無事を第一に思ってのこと。

愛馬を思う言葉や歌を通じて、馬を心から愛する人の輪郭が浮かび上がってきた。繊細であたたかな心の機微が実感を持って迫ってきた。それは次第に日本中へと伝播《でんぱ》し、気づけば誰か一人の大切な馬が、みんなの愛馬へと変わっていった。そして人々の思いを乗せてひたむきに走り続けるキタサンブラックから、我々は馬と向き合うことの本当の意味を教わってきた。それはＧＩ７勝や獲得賞金以上に、キタサンブラックが成し遂げた偉業だったように思う。

やがてキタサンブラックへの思いは、力強い歌となって空へとこだました。そしてひとかたまりとなった愛と熱気が中山競馬場を包み込んでいった。あの名ジョッキーも、どこからやってきたのか競馬会の理事長らもハッピを着て、まるで漫画の最終回みたいな大団円。観衆も一緒に口ずさむ。みんなもすっかり登場人物の一員だ。

不思議な気持ちだ。あたたかくて楽しくて、やっぱり寂しい。

これほどまでのステージに連れてきてくれたキタサンブラック。こういう時に湧いてくるのは「ありがとう」なのだ。キタサンブラック、ありがとう。そんなフレーズが頭の中に焼き付いていて、ふいに口ずさんでは、寂しくなって、そして心いっぱいに真っ直ぐな愛情で満たされるのだった。

（手塚瞳）

記憶
5

名馬の単勝回収率

その馬の単勝を買い続けると収支はどうなるか。ディープインパクトとキタサンブラックの「決定的な違い」

ディープインパクトとキタサンブラック。ともにGⅠ7勝を挙げた「名馬中の名馬」だが、両馬には決定的な違いが存在する。

単勝回収率だ。日本国内で13走したディープインパクトの単勝を買い続けた場合、投資額の1300円（1レース100円ずつと仮定）は1370円。わずか70円の利益にしかならない。

新馬戦で2着を4馬身離し、2戦目の若駒Sで「届かない」と感じるも終わってみれば2着馬を5馬身突き離したレース内容により「凄い馬」と認識され、多くの競馬ファンが単勝を買った。全13戦（当時は国内で馬券が買えなかった凱旋門賞を除く）で1番人気に支持され12勝をマークするも、単勝最高配当はわずか130円＝GⅠ5勝以上馬の中で最低の数値だ。三冠のかかった菊花賞はファンが記念馬券を買ったため100円の元返し。投資の観点では「ハイリスク・ノーリターン」であり、GⅠ5勝以上馬の中でも突出した支持率だった。

GⅠ5勝以上馬のうち、もっとも単勝回収率が低かった馬がブエナビスタだ。1番人気での2着が7回（海外除く）もあり、回収率の数値は100％を切った。日本国内21戦中19戦で1番人気でもあり「もっとも損なGⅠ馬」だったと言える。

ディープインパクトと同じく無敗三冠馬となったコントレイルも、単勝回収率は父に次ぐ低さだ。1着時の単勝最高配当は年明け初戦となったぶっつけ皐月賞の270円。ここを難なく制したことで、以降はほぼ2倍を下回る配当となった。

さて、キタサンブラックの場合は真逆だ。投資額の2000円は1万1420円、利益は9420円。元金は実に571％にも膨らんだ。GⅠ5勝以上馬の中で最高の数値である。

全12勝のうち単勝四桁配当は何と4回、最高配当は2戦目の4840円。3戦目のスプリングSは12・3倍、秋初戦のセントライト記念は12・5倍、初GⅠとなった菊花賞は13・4倍と、3歳時の重賞3勝すべてが四桁配当。「サクラバクシンオーの血が長距離に合わない」との定説を覆した菊花賞以降も単勝が2倍を切ることは少なかった。古馬以降、6勝を挙げたGⅠ戦での最高配当は4歳春の天皇賞における450円。有馬記念で先着を許したゴールドアクターの存在が配当を押し上げた。

面白いのは、単勝支持率が最高（140円）だった5歳時の宝塚記念で9着に敗れた点だ。芝GⅠ9勝馬アーモンドアイの有馬記念（単勝150円で9着）と似た敗戦だ。

キタサンブラックの場合、ディープとは逆に「凄い馬」と認識されるまでに時間を要したのが高配当の要因である。表を見ると一目瞭然だが、3歳春にGⅠを制した馬ほど単勝回収率は低く、古馬になって活躍した馬ほど高まる。「人の行く裏に道あり…」ではないが、多くの人が注目するほど回収率は下がってしまう。3歳春に能力を見抜けていれば…と多くの人が感じただろう。

GⅠ5勝以上を挙げた馬のうち、回収率2位はアグネスデジタル。フェブラリーSを制したこの馬のGⅠ勝利は芝4勝・ダート2勝。3歳春はNHKマイルCで4番人気7着、ジャパンダートダービーで1番人気14着だったが、3歳秋に13番人気でマイルCSを制すると、4歳秋に天皇賞を4番人気＝単勝20倍で制した。GⅠ2勝が20倍以上となったのはこの馬のみである。

皐月賞を勝ちGⅠ馬となるも、GⅠ2勝目が2年半後だったダイワメジャーも単勝回収率は高めだ。皐月賞優勝時が10番人気だったにせよ、5歳秋に天皇賞を勝った際は4番人気で単勝7倍。ここから強豪と認知され、GⅠ3勝は1番人気もしくは2番人気と単勝投票率が高まった。

馬ごとの単勝回収率を見ると「利益が大きな馬」はそうそういない。その意味でもキタサンブラックは別格な存在だった。

（小川隆行）

馬 名	通算成績	平均単勝配当	最高配当
キタサンブラック	20戦12勝	571円	4840円
アグネスデジタル	32戦12勝	379円	5570円
ダイワメジャー	28戦9勝	242円	3220円
タイキシャトル	13戦11勝	230円	510円
ジェンティルドンナ	19戦10勝	213円	870円
ウオッカ	26戦10勝	199円	1110円
オルフェーヴル	21戦12勝	192円	1080円
シンボリルドルフ	16戦13勝	184円	490円
グランアレグリア	15戦9勝	182円	1200円
メジロドーベル	21戦10勝	169円	830円
モーリス	18戦11勝	168円	570円
テイエムオペラオー	26戦14勝	166円	1110円
アパパネ	19戦7勝	159円	600円
ゴールドシップ	28戦13勝	149円	710円
ロードカナロア	19戦13勝	137円	440円
アーモンドアイ	15戦11勝	134円	390円
コントレイル	11戦8勝	128円	270円
ディープインパクト	14戦12勝	105円	130円
ナリタブライアン	21戦12勝	99円	390円
ブエナビスタ	23戦9勝	74円	340円

単勝回収率ランキング
※馬券購入可能レース対象。最高配当は勝利時

記憶
6

名馬の「逃げ」を支えた武豊騎手

逃げの基本である「急―緩―急」で示した中盤の「緩」の作り方の巧みさとは？

大レースでの逃げ切り勝ちが印象的なキタサンブラックだが、その「逃げ」で勝利したレースは、すべて武豊騎手の手綱によるものだった。

レースの最初から最後まで先頭を走る「逃げ」は、やはり華がある。しかし、「逃げ」は後続馬の目標にされやすく、レースレベルが高くなるほどに、逃げ切って勝つのは難しくなる。

武騎手がキタサンブラックに騎乗したのは、全20戦中の12戦。そのなかで「逃げ」を打ったのが6戦と、騎乗したレースの半分で「逃げ」を選択している。逃げても、番手以下に控えても良績を残せたのは、キタサンブラックのレースセンスと操縦性の高さとも言えるが、やはり大レースで逃げての勝利が印象に残る。

そしてその「逃げ」を支えたのは、紛れもなく武騎手のエスコートの上手さだった。キタサンブラックは、武騎手の「逃げ」の美しさを、改めて私たちに見せてくれた。

「逃げ」のペース配分として、「急―緩―急」の形が基本だと言われる。スタートから出して行ってハナを奪い切る、序盤の「急」。そのままでは当然バテてしまうので、ペースを落としてレースを落ち着かせ、馬に一息入れさせる「緩」の中盤。そして、最適なタイミングでスパートしてゴールまでリードを保つ、「急」の終盤。「急ー緩ー急」は、「逃げ」におけるペース配分の基本であり、特に中長距離ではその塩梅が重要になる。

翻って武騎手の「逃げ」は、スタート自体が抜群に上手いこともあるが、序盤で無理に「急」を作らないように見える。枠順の並びと出走各馬の発馬の状況を鑑みながら、じんわりとハナを切るのをよく見かける。もし先行争いがあまりに激化しそうな展開なら、スッと引く。キタサンブラックに騎乗したレースの多くでもそうだったが、ゲートを出てからのほんのわずかな瞬間に繰り広げられる、このあたりの押し引きが実に上手い。

そして特筆すべきは、中盤の「緩」の作り方の巧みさだ。中盤で必要以上にペースを緩めれば、後続馬に早めに動かれる可能性や、せっかく得たリードを詰められてしまうこともある。武騎手が逃げた際のペースの刻み方、そしてそのバリエーションの豊かさは、まさに芸術的といえる。この中盤におけるペースの妙は、正確無比と称される、武騎手の体内時計があればこその芸当なのだろう。

キタサンブラックが、初めて「逃げ」で勝利した2016年の天皇賞（春）。そして史上3頭目となる逃げ切りとなったジャパンC。世界レコードで駆け抜けた17年の天皇賞（春）も、大逃げしたヤマカツライデンの番手で、ほぼ「逃げ」に近い形だった。そして、ラストランとなった同年の有馬記念。いずれも、実に巧みなペース配分で、後続馬の脚を封じた芸術作品のようだった。

「レジェンド」と称される武騎手だが、逃げ馬での活躍が顕著になったのは、ベテランの域に差し掛かってからのように見える。だからだろうか、武騎手の「逃げ」は、ある種の伝統芸能を見るかのような美しさがある。何より、その長身で整った騎乗フォームの武騎手が先頭を走っているのは、絵になるものだ。

そしてキタサンブラック以外にも、武騎手とともに印象的な「逃げ」を見せてくれた優駿は多い。

ダートを舞台に、圧倒的なスピードで逃げを披露したスマートファルコン。5歳時の日本テレビ盃で武騎手とコンビを組むと、次走のJBCクラシックから実に交流重賞9連勝を飾った。10年の東京大賞典で叩き出した2分0秒4は、まさに驚異的なレコードと言える。

海外2ヶ国のGIを勝利した快速馬エイシンヒカリ。15年の香港Cでは、その快速を飛ばして不利な外枠からハナを奪い、後続の脚を削るペースを刻んでの逃げ切り勝ち。翌年、フランスのイスパーン賞では逃げではなく番手からの競馬となったものの、2着に10馬身の大差をつける圧勝を飾ったのが印象的だった。

あるいは、19年のフェブラリーSを勝利したインティ。じわりとハナを奪い、4コーナーからリードを広げ、ゴールドドリームの追撃をクビ差抑えての逃げ切り勝ちは、まさに武騎手ならではの名人芸だった。

さらに23年の大阪杯では、ジャックドールとともに逃げ切り勝ちを決めて、それまで岡部幸雄元騎手が持っていた史上最年長のGI勝利記録を更新した。中盤のラップを必要以上に緩めずに後続の脚を削って、スターズオンアースの猛追をハナ差凌ぎ切ったレースは、まさに芸術的な騎乗だったといえる。

そして、武騎手と「逃げ馬」となると、やはりサイレンススズカに触れないわけにはいかないのだろう。98年のサイレンススズカと武騎手の走りは、確かに逃げていた。しかしその走りは、他馬との駆け引きなどで逃げたのではなく、ただサイレンススズカのペースで走ったポジションが、先頭だっただけのようにも見えた。

「その快速を、どこまで飛ばせるのだろう」

そんな情感を抱かせる「逃げ」は、唯一無二のものだったと言える。

齢50を超えてなお輝きを見せ続ける、武騎手の「逃げ」。キタサンブラックとのコンビでは、幾度となくその名人芸を見せてくれた。はたして今後は、どんな優駿と、その芸術的な「逃げ」を私たちに見せてくれるのだろうか。

（大嵜直人）

2017年
有馬記念

引退の花道… 意地でも飾ってやんよ!

漫画 UMANIACひい

【2015年 皐月賞】
1着 ドゥラメンテ
(騎手 M.デムーロ)
3着
【2015年 日本ダービー】
1着 ドゥラメンテ
(騎手 M.デムーロ)
14着
ごめんなぁ
北村(宏)騎手
浜中騎手
いやいや
キタサンブラック
俺の実力不足ってやつよ…
和の心『菊』…
カッ
菊花賞は絶対に負けられねぇ!
ワァァァ!!
祭りだ! 淀は祭りだ! キタサン祭りだ!!
パッ
京都 11R 確定
I 4
II 11
III 17
IV 3
V 2
クビ
1/2
1¼
1¼
ついに俺の時代がきたってか
フッ
――と思ってたのに
【2015年 有馬記念】
2着 サウンズオブアース
(騎手 M.デムーロ)
3着 キタサンブラック
惜しかったネ
ねー
…おい
【2016年 宝塚記念】
2着 ドゥラメンテ
(騎手 M.デムーロ)
3着 キタサンブラック
惜しかったネ
くやし〜〜!
おいおいおいおい

ハァ
ハァ
俺の天敵はコイツだ…！
いつも俺の前にいやがって…！
おい！
ビシィッ
?
今日こそ負けねぇぞ！
【2016年 有馬記念】
1着 サトノダイヤモンド
（騎手 C.ルメール）
僕たちも忘れないデ
2着
ズコ
【2017年 ジャパンカップ】
1着 シュヴァルグラン
騎手 H.ボウマン
2着 レイデオロ
騎手 C.ルメール
………
3着
くそう…
デムだかルメだか知らねぇが
こちとら日本の宝武豊を背に走っとんじゃい
キッ
引退の花道…意地でも飾ってやんよ！
ワーッ!!
これが男の引き際だ――！
キタサンブラック――!!
記念
【2017年 有馬記念】
1着 キタサンブラック
（騎手 武豊）
どんなもんでい！
参りマシタ～～～
パチ
パチ
完
賞
第62回
グランプリ
有馬記念
2017

座談会

キタサンブラックが駆け上った名馬への道

〈出席者〉
勝木淳（競馬ライター）
小川隆行（編集者）
緒方きしん（ウマフリ代表）

データや常識を信じる限りその凄さに気づけない！

考えれば考えるほど大きな謎に突き当たる。

目撃者三人が語り尽くすキタサンブラックの真実とは

2016年は秋の王道3レースを走り切った。写真は逃げ切り勝ちを収めたジャパンC。

最初は注目が遅れた、3連勝で重賞を制した素質馬

緒方：キタサンブラックはデビューから3連勝で重賞制覇と、今振り返ると華々しい滑り出しを見せているんですが、実際のところは大注目の素質馬という扱いではなかったですよね。皆さんがキタサンブラックを意識し始めたのはいつ頃からですか？

小川：俺はかなり遅いよ。ダービーを敗れて「ここまでか」と。これほどの馬になるなど思いもしなかった。菊花賞を勝って驚いたのを覚えている。

勝木：私は2戦目の単勝を当てたから覚えていますね。清水久詞厩舎は関東遠征が多いんですが、「清水厩舎らしい遠征だな」と思って買いました。

緒方：2戦目って、9番人気48・4倍ですよね。それは羨ましいなぁ…。

勝木：フェブラリーSの週でしたね。懐かしい。緒方さんの言う通り、3番人気・9番人気というスタートだから、いわゆるイマドキの人気馬・血統馬とはちょっと違うタイプ。活躍し始めてからようやく見返すタイプの馬ではありますね。

小川：俺もそうだな、後から見返した。

緒方：僕はスプリングSまで、ほぼ意識したことはなかった気がします。スプリングSでも、世代トップクラスの注目馬リアルスティールが出走していましたし、ベルーフはステイゴールドの牝系でPOG指名していたので、どうしてもそちらに気持ちが向いていました。

勝木：馬券的にも美味しい馬でしたよね。ただ、今になって考えると、新馬戦は速いペースで逃げて、2戦目は遅いペースで差しているので、最初から厳しい競馬を乗り越えてきたことになります。早いうちからセンスを発揮していたんですよね。逆に3戦目以降は恵まれた展開が多くなっていったので、実力を把握するのが少し遅れました。

緒方：早くから素質を見抜いておきたかったです。本当に悔しい…。

ダービーでの大敗を乗り越え、菊花賞を制覇

小川：皐月賞は恵まれたよね。だからこそ、ダービーの大敗は、距離がもたなかった、と思っていたよ。

勝木：ダービーで馬体重プラス10キロというのも判断が難しかったです。そもそもダービーは各陣営が究極に仕上げてくるから馬体増が少ないのに、二桁プラスとは…。緩めに仕上げずに、厳しい調教を積ませる厩舎なので、なおさらね。

小川：ダービーは鞍上の緊張が伝わっちゃっていたんじゃないかな。北村宏司騎手はバリバリGIを勝ちまくっているタイプというわけでもないし、ダービーという特別なレースの経験が不足していたのかもしれない。

緒方：馬体重に関しては、皐月賞でプラス6キロ、ダービーでプラス10キロ、さらには夏を越してセントライト記念でプラス12キロと、大きく増やし続けたんですよね。何度も〝結果的に〟という言い回しになってしまいますが、後から考

えると凄まじい勢いで成長していただけなのでしょう。そのセントライト記念では6番人気を跳ね返して勝利、重賞2勝の皐月賞3着馬として、堂々、菊花賞に進みました。

小川：長距離って、500キロを超える大型馬は手が出にくいじゃない。キタサンブラックは立派な馬体だけど、それだけに「こりゃあセントライト記念くらいの距離が精一杯だろうなあ」と判断してしまった。あまり記憶にないタイプのステイヤーだよね。過去のステイヤーたちが築き上げてきた常識を覆した。やっぱり競馬って答えがないやって思っちゃったもんなぁ。

勝木：キタサンブラックやキタサンブラック産駒は、ジンクス壊し屋ですからね。データ派にとっては天敵と言えるでしょう。条件が全然違っても走ったりするし…。

小川：本当、異次元の馬。俺、菊花賞の前に皐月賞とダービーの着差を確認したりするんだよ。皐月賞は勝ち馬と0秒6差、ダービーでは2秒3差。ダービーでの負け方を見て、これほどの名馬になるとは思わなかったんだよなぁ。

勝木：母父サクラバクシンオーもネックでしたよね、菊花賞は。

緒方：異例ですもんね。もちろんキタサンブラックは菊花賞の出走時点で重賞を二度制していますし、その強さは多くのファンや関係者が認めていたとは思いますが、単勝人気を見ても、人気先行型というタイプではなかったと言えますね。ですがその菊花賞も5番人気で、上がり最速の差し切り勝ちを収めています。

勝木：北村宏騎手はこの時期がキャリアのトップとも言える時期。特に菊花賞は、追い方のアクションが激しくて「あれ、北村宏騎手っぽくないな？」と思うほどだった。それほど気迫を感じる追い方でしたね。

逃げ馬としての才能開花、そして名コンビ誕生

小川：怪我による有馬記念での乗り替わりは、北村宏騎手にとっては無念だったろうね。

勝木：ただ、それがこの馬のターニングポイントだったかもしれません。乗り替わりとなった3歳の有馬では、横山典弘騎手があえて前に行かせているんですよ。それまではあえて逃げさせずに我慢の競馬をしてきたから、スタート直後の3コーナー付近ではキタサンブラックも耳を立てて戸惑っているんです。ところが、1コーナーの手前あたりからは先頭を走ることに納得している。賢いんですよね、この馬は。そしてここが覚醒のキッカケなんだな、と改めて思います。横山典騎手は一度しか乗っていないですが、この走りは確実に、翌年以降のヒントになったことでしょう。

小川：キタサンブラックは、色々な競馬に順応するよね。気性にムラがないというか、良い意味で機械のような馬だと思ったよ。

緒方：自分も気性面のクセがない馬だと思っていて、常にベストパフォーマンスを出すタイプだと思っていたんですが、本書で緑川あさねさんが書いてくれた返し馬のコラムを読む限り、意外とその日のやる気にオンオフあるタイプだったんだな、と驚かされました。武豊騎手が、ほぼ毎回ベストなやる気を引き出していたのかもしれませんが。

勝木：一方、ライバルのドゥラメンテは気が強いタイプでしたね。

緒方：気が強いというよりも、緊張するタイプというイメージがあります。歩き方も特徴的でしたよね。さて、ついに3歳シーズンも終わり、古馬初戦は武騎手との初コンビとなりました。ここから引退まで、このコンビは継続されるわけですが、初戦の産経大阪杯は2着に敗れたんですよね。

勝木：ふふ、この産経大阪杯はね、勝ったアンビシャスの鞍上・横山典騎手の作戦勝ちだと思っています。前走の有馬記念で自らキタサンブラックを逃がした横山典騎手が、その逃げがここでも再現されることを読み切っていたのが大きいです。逃げたキタサンブラックの直後にピタッとつけて、そのまま2番手から差し切っている。恐ろしいな、と思いましたね。

小川：なるほど。レースを見ていて「なんであんな前に」とは思っていたけど、そういう理由があったのか。キタサンブラックがどう逃げるかわかっていたんだね。

緒方：続く天皇賞（春）は、母父サクラバクシンオーの不安が一番囁かれたレースではないでしょうか。菊花賞の時にも言われていましたが、今回は主役クラスの評価というのもあって、ファンの悩みもピークに達したタイミングだったと思います。

小川：短距離はそんなに気にしないんだけど、長距離はどうも血統を見てしまうしね。

勝木：母父サクラバクシンオーもそうだけど、そもそも父のブラックタイドがよくわからない種牡馬なんですよ。未だに謎。イメージすらわかない。

緒方：ブラックタイド産駒の活躍馬は、馬体重がバンと増えて、バンと好走するイメージです。コメートとかライジングリーズンとかも馬体重が二桁プラスとなったタイミングで重賞好走していますから。

勝木：それにしても、天皇賞（春）は1回目がスローで勝って、2回目はレコードで勝つ。こんな芸当をやってのける馬はなかなかいないですね。

小川：短所・弱点がない馬だよ。この馬の強さを感じたのが、この天皇賞（春）。カレンミロティックが勢いよく上がってきていて、キタサンブラックは十中八九負けるパターンだった。そこから差し返したんだからね…。オグリキャップとバンブーメモリーのレースを思い出しちゃったくらいだよ。

勝木：某局のアナウンサーが誤ってゴールでのタイミングでカレンミロティックって叫んでいますからね。放送事故と言ってもよいでしょう。あのレースは「ハナ差では負けない武騎手」を再認識させられたレースだったように思います。

5歳でも快進撃、どんどん強くなる姿に脱帽

小川：5歳シーズンの天皇賞（秋）も衝撃だった。土砂降りの中、出遅れて、泥だらけのもみくちゃにされて、それでもイヤになってやる気を失ったりせずに勝ち切った。すごいよ。他馬の単勝を握りしめていた俺は、出遅れた段階で「ラッキー！」って思っていたんだけどな。

勝木：宝塚記念での大敗は、牝馬だし引きずるんじゃないかと思っていたんですけど、次のここ

で普通に勝っちゃうわけですからね。この頃に大敗すると「あ、競馬に参加しなくてもいいんだ」と気がついてズルを覚えたりするわけですが、キタサンブラックにはそれがなかった。加えて、４歳から５歳の間で衰えがなかった稀有な馬ですね。４歳対５歳という構図は、春までは５歳が優勢で、秋からは４歳が逆転するものですが、キタサンブラックは勝ち続けました。

緒方：むしろラストシーズンはＧⅠを４勝しているわけですから、どんどん強くなっている印象を受けますよね。背が高いから、この馬が強い競馬を見せるとまさに〝圧巻〟でした。

勝木：でも全部は勝たないから、どこかいじらしい感じもあったりしてテイエムオペラオーとかとは違うタイプの名馬ですよね。後半は人気集めながらもたまに負けてくれるから、穴党にとってはとてもありがたかった。

小川：デビュー３連勝が最後で、それ以降は一度も３連勝していないんだよね。

勝木：勝ちまくるからって諦めて買うと、そこでちょうど負けたりするタイプでもある、と…。

種牡馬としても好調な滑り出し、歴史的な大種牡馬となるか

小川：引退間際になると５４０キロで、ディープインパクトより１００キロも大きいんだよね。

勝木：脚が長いから太っては見えないけど、迫力がありました。歴戦の戦士タイプで、戦い続けて強くなりましたよね。坂路のスパルタ調教も効果絶大だったのでしょう。

緒方：今回の書籍で、武騎手が「父のブラックタイドに似ている」と話していたのが印象に残りました。武騎手も仰られていますが、相当なイケメンですよね。その馬体の雄大さは産駒たちにも伝えられていて、年度代表馬イクイノックスをはじめ、セントライト記念の勝ち馬ガイアフォース、かきつばた記念の勝ち馬ウィルソンテソーロも、490キロ前後という好馬体の持ち主です。

勝木：種牡馬としては、3世代目に種付け数が急落していることからも、馬産地の評判はほどほどだったんだと思います。産駒のデビュー前から種付け数を増やしていたドゥラメンテとは逆だった。でも、どちらもすごい種牡馬になりました。

緒方：2023年のドバイではイクイノックスの馬体の雰囲気がちょっとキタサンブラックに似てきたな、と感じました。成長力がある種牡馬なのでしょうが、それが判明するまでは当歳馬の評価をするのも難しいですよね。ここからさらに人気種牡馬になっていくことでしょう。ここから歴史に名を残す大種牡馬となる可能性も十分にあると思います。むしろ、そうなることに期待してしまいますね。

勝木：イクイノックスは有馬記念の後にノーザンファーム天栄で下半身トレーニングを徹底的にやったから、腰がパンとしてきて、ついに本格化って感じでしたよね。キタサンブラックは、種牡馬としても意外性がある、まさにブラックタイドの謎を感じる馬です。

小川：改めて振り返ると、キタサンブラックとは本当に欠点がない馬だった。陣営や騎手を筆頭に、馬に関わる全ての人々にとって理想的な馬だったんじゃないだろうか。種牡馬としての活躍も、引き続き楽しみだね！

常識を覆し、刺激を与えてくれた名馬

キタサンブラックがGⅠ7勝を挙げる名馬となれた理由について、あらゆる角度から考えてみましたが、明確な答えは見つかりませんでした。

父ブラックタイドは名馬ディープインパクトの全兄ではあるものの、1000頭近い産駒のうち、GⅠ馬となったのはキタサンブラックただ1頭です。

母系には短距離馬サクラバクシンオーの血が入っており、「血統の常識」から考えると、菊花賞や天皇賞を制するなど思いもしませんでした。

GⅠ勝利数は3歳で1勝、4歳で2勝、5歳で4勝。逆のパターンは多いものの、年を重ねるほどに勝利数を増やすなど、過去の名馬にも例がありません。

中でも、逃げて勝ってきた馬がハナを切れなかった秋の天皇賞の見事なレースぶりは、いまだに脳裏に焼き付いています。

正に奇跡の1頭だったと感じています。

競馬を好きになり、競馬に関する雑誌や書籍を制作するようになって30年ほどが経過しました。数多くのレースを観て、競馬に関する知識を自分なりに蓄えてきたつもりでしたが、キタサンブラックはそうした私的な競馬知識をいくつも覆してくれました。

それはありがたいことでもあります。なぜなら、競馬脳に刺激を与えてもらったからです。「競馬には答えがない」「まだまだ知らないことが山ほどある」と、改めて感じる今日このごろです。

競馬の常識を覆した名馬は、今や生産界のトップホースでもあります。GＩ3勝馬イクイノックスと皐月賞を鬼脚で制したソールオリエンスの2頭を輩出。2頭の強さは衝撃的でした。それにも増して、キタサンブラックがこれほどの種牡馬になった事実も、想像の範疇を優に越えました。

繰り返しますが、競馬には答えがありません。だからこそ多くの人を魅了するのでしょう。「常識外の名馬」が出てくると、競馬はいっそう面白く、難しく、そして楽しくなります。「第二のキタサンブラック」が出てくることを、密かな楽しみとしています。

小川隆行

いつの日かキタサンブラック産駒で打線を組んで

今をときめく種牡馬となったキタサンブラック。その伝説は、恐らくこれからもどんどんと熱を帯びていくことでしょう。名種牡馬としてだけでなく、種牡馬の父やその父としても、新たな伝説を築き上げていってくれるかもしれません。そんなキタサンブラックについて一冊の書籍にまとめるというのは、大きなプレッシャーを伴う挑戦でした。

本書『キタサンブラック伝説』を制作している間に、キタサンブラック産駒にまつわる多くのニュースがありました。企画が立ち上がった頃にイクイノックスがドバイで勝利を収め、台割を検討している頃にソールオリエンスが皐月賞を制覇、そして原稿の最終的な取りまとめをしている時にスキルヴィングがこの世を去りました。

ソールオリエンスの皐月賞には、それこそ伝説の新章を目撃するような意気込みで現地へと向かいました。そして、絶望的なポジションからの追い込み劇。想像以上のレースで、これほど熱狂した皐月賞はいつ以来だろうと嘆息しました。それこそ、キタサンブラックが3着になったドゥラメンテの皐月賞を想起させるレースだったのではないでしょうか。これはダービーや三冠も…と思いきや、ダービーでは同期であるサトノクラウンの産駒、タスティエーラに敗北。牝馬二冠を達成したリバティアイランドはドゥラメンテの産駒ですし、まさに2023年の3歳クラシックは15年クラシックの牡馬たちが席巻したと言えるでしょう。

過去に「ウマフリ」と小川隆行さんで、『〇〇で打線を組んでみた』という企画をやっていましたが、このままいくと15年クラシックを戦った馬たちの産駒たちはすぐにでも打線が組めそうですし、キタサンブラック産駒だけでもすぐに立派な打線が組めるようになるはずです。3番ソールオリエンス、4番イクイノックスというクリーンナップだけでも相当なインパクト。もし何事もなく現役を続行していたら早逝したスキルヴィングも上位打線に抜擢されていたことでしょう。ダービーを完走し、鞍上のC・ルメール騎手を下ろしてから力尽きた様子は、SNSなどでも拡散され大きな話題を呼びました。もっと別の形で世間の注目を集めるはずだった馬だけに、残念でなりません。雄大な馬体の彼を忘れずにいたいです。

そして、セントライト記念の勝ち馬ガイアフォースがマイルに転向し、安田記念で4着など活躍を見せています。武豊騎手が「ダートでもいけたはず」というキタサンブラックの種牡馬としてのポテンシャルは計り知れませんし、いつかダート王者や障害王者も打線に名前を連ねてくれるかもしれません。どのような伝説の目撃者となれるか、今から楽しみです。

緒方きしん

執筆者紹介（五十音順）

生駒永観　いこま・えいかん
競馬評論家・血統研究家。望田潤氏の血統論に感銘を受け、血統の道を志す。2014年、『競馬 最強の法則』にてデビュー後、『サラブレ』などで執筆。著書に『血統のトリセツ』など。

岩坪泰之　いわつぼ・やすゆき
種子島出身。2017年天皇賞（春）でキタサンブラックのレコード勝ちを目の当たりにし競馬にハマる。「クロキリ」の名前で一口馬主ブログを書いているほか、「ウマフリ」にてPOG記事寄稿、22年度より新馬戦回顧連載。

UMANIACひい　うまにあっく・ひい
東京都出身。競馬歴約20年。日々、馬に関するイラストを描き写真を撮りグッズを制作。馬産地イラストレーターとして、日高を拠点に活動中。

大嵜直人　おおさき・なおと
文筆家、心理カウンセラー。「ウマフリ」に寄稿、共著『競馬 伝説の名勝負』『テイエムオペラオー伝説』『ゴールドシップ伝説』ほか。

緒方きしん　おがた・きしん
1990年北海道生まれ。競馬ライター。競馬コラムサイト「ウマフリ」の代表を務める。「netkeiba」「SPAIA」『競馬の天才!』などに寄稿。好きな馬はレオダーバンなど。

小川隆行　おがわ・たかゆき
1966年千葉県生まれ。牡57。ライター&編集者。中山競馬場の近くで生まれ育ち、高校時代にミスターシービーの皐月賞を目にして熱狂的な競馬ファンに。数々の常識を覆したキタサンブラックは、競馬の魅力を改めて教えてくれた競走馬だと感じている。

勝木淳　かつき・あつし
競馬ライター。優駿エッセイ賞2016グランプリ受賞。競馬コラムサイト「ウマフリ」「SPAIA」、競馬雑誌『優駿』などに寄稿。Yahoo!ニュース個人オーサー。

桐谷謙介　きりや・けんすけ
1973年新潟県出身。美術系の大学を卒業後、イベント会社、映像制作会社などを転々とするが、好きな競馬の仕事を諦め切れずにフリーの競馬ライターに。競馬ブーム到来前の厩舎の空気を愛し、ついついベテラン騎手に肩入れする癖（?）がある。

後藤豊　ごとう・ゆたか
ギャンブル・女・酒・野球に明け暮れ30年になる馬券オヤジ&タクシードライバー。

小早川涼風　こばやかわ・すずか
祖父、父の影響で幼い頃から競馬に触れ、成長と共に馬の世界の奥深さを知る。初めて好きになった馬はサイレンススズカ。「ウマフリ」では主に名馬、重賞回顧記事を寄稿。

齋藤翔人　さいとう・とびと
京都府出身。大学卒業後、サラリーマン生活を10年以上送るも、競馬に関わる仕事がしたい気持ちを抑えきれず脱サラ。競馬コラムサイト「ウマフリ」で重賞回顧を連載中。

治郎丸敬之　じろうまる・たかゆき
『ROUNDERS』編集長。好きな馬はヒシアマゾン、ブラックホーク。主な著書に『馬体は語る』。「ウマフリ」では馬主としての奮闘記を寄稿。あなたと競馬が100年続きますように。

真実良　しんじつ・よし
ナリタブライアンに競馬の魅力を教えてもらい早30年。いつの間にか競馬が人生の土台に。「ウマフリ」にも寄稿中で、本業競馬ライターとして「競馬は書いて稼ぐ」を目指し日々奮闘中。

手塚瞳　てづか・ひとみ
栃木県出身。慶應義塾大学文学部卒。ウマの書記係。第15回Gallopエッセー大賞受賞。NPO法人日本インタビュアー協会認定インタビュアー。「ウマフリ」にも寄稿。

福嶌弘　ふくしま・ひろし
1986年生まれ。父の影響で競馬に興味を持ち、小学生の頃に見たスペシャルウィークに惹かれて以来、競馬にのめり込む毎日を過ごすように。バイク・クルマ雑誌の編集者を経て競馬をメインとしたスポーツ系のライターに。

緑川あさね　みどりかわ・あさね
1994年福岡県生まれ。ゲームクリエイター。大学馬術部で馬のとりこになり、その後競馬にもハマる。強い馬に単勝全ツッパが信条。好きな馬はソールオリエンス。

山口昭　やまぐち・あきら
1974年千葉県出身。兄とともに中山競馬場に通いつめ、競馬にのめり込んだ。今は大好きな競馬の原稿を細々と書き続けている。

吉田梓　よしだ・あずさ
1990年茨城県生まれ。競馬と俳句と怪談を愛する介護士&ライター。第15回Gallopエッセー大賞にて編集部奨励賞受賞。俳句方面でも入賞多数。「ウマフリ」にも寄稿。

星海社新書
266

キタサンブラック伝説《でんせつ》 王道《おうどう》を駆《か》け抜《ぬ》けたみんなの愛馬《あいば》

二〇二三年 七 月一八日 第 一 刷発行

編著者 小川隆行《おがわたかゆき》＋ウマフリ

発行者 太田克史《おおたかつし》
編集担当 持丸剛《もちまるつよし》

アートディレクター 吉岡秀典《よしおかひでのり》（セプテンバーカウボーイ）
デザイナー 榎本美香《えのもとみか》
フォントディレクター 紺野慎一《こんのしんいち》
校閲 鷗来堂《おうらいどう》

発行所 株式会社星海社
〒一一二-〇〇一三
東京都文京区音羽一-一七-一四 音羽YKビル四階
電話 〇三-六九〇二-一七三〇
FAX 〇三-六九〇二-一七三一
https://www.seikaisha.co.jp

発売元 株式会社講談社
〒一一二-八〇〇一
東京都文京区音羽二-一二-二一
（販売）〇三-五三九五-五八一七
（業務）〇三-五三九五-三六一五

印刷所 凸版印刷株式会社
製本所 株式会社国宝社

ISBN978-4-06-532622-0
Printed in Japan

266
SEIKAISHA SHINSHO

261

ゴールドシップ伝説

愛さずにいられない反逆児

小川隆行　ウマフリ

気分が乗れば敵なし！　「芦毛伝説の継承者」

常識はずれの位置からのロングスパートで途轍もなく強い勝ち方をするかと思えば、まったく走る気を見せずに大惨敗。気性の激しさからくる好凡走を繰り返す。かつてこんな名馬がいただろうか。「今日はゲートを出るのか、出ないのか」「来るのか、来ないのか」「愛せるのか、愛せないのか」……。気がつけば稀代のクセ馬から目を逸らせられなくなったわれわれがいる。度肝を抜く豪脚を見せた大一番から、歓声が悲鳴に変わった迷勝負、同時代のライバルや一族の名馬、当時を知る関係者・専門家が語る伝説のパフォーマンスの背景まで。気分が乗ればもはや敵なし！　芦毛伝説を継承する超個性派が見せた夢の航路をたどる。

264

トウカイテイオー伝説

日本競馬の常識を覆した不屈の帝王

小川隆行　ウマフリ

その道は奇跡へと続いていた！「不屈の帝王」

父シンボリルドルフの初年度産駒として生まれ、新馬戦デビュー以降、追ったところなしに手応えよく抜け出して4連勝。そのまま無敗で皐月賞、日本ダービーを制覇。他にも初の国際GＩとなったジャパンカップで当時史上最強と言われた外国招待馬をまとめて蹴散らして勝利。ラストランとなった1993年の有馬記念では前年の有馬記念より1年（364日）ぶりの出走で奇跡の優勝を果たした。通算成績12戦9勝。成績だけを見ると父の七冠には及ばずも、3度の骨折を経験しながら復活を遂げた姿は、見るものに大きな感動を与えた。美しい流星と静かな瞳を持つ、この不屈の名馬が駆けぬけた栄光と挫折のドラマを振り返る。

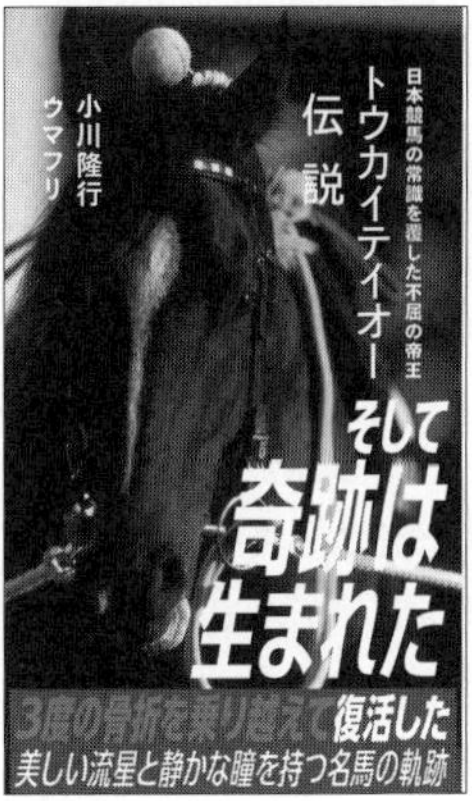

次世代による次世代のための

武器としての教養
星海社新書

星海社新書は、困難な時代にあっても前向きに自分の人生を切り開いていこうとする次世代の人間に向けて、ここに創刊いたします。本の力を思いきり信じて、みなさんと一緒に新しい時代の新しい価値観を創っていきたい。若い力で、世界を変えていきたいのです。

本には、その力があります。読者であるあなたが、そこから何かを読み取り、それを自らの血肉にすることができれば、一冊の本の存在によって、あなたの人生は一瞬にして変わってしまうでしょう。思考が変われば行動が変わり、行動が変われば生き方が変わります。著者をはじめ、本作りに関わる多くの人の想いがそのまま形となった、文化的遺伝子としての本には、大げさではなく、それだけの力が宿っていると思うのです。

沈下していく地盤の上で、他のみんなと一緒に身動きが取れないまま、大きな穴へと落ちていくのか？　それとも、重力に逆らって立ち上がり、前を向いて最前線で戦っていくことを選ぶのか？

星海社新書の目的は、戦うことを選んだ次世代の仲間たちに「武器としての教養」をくばることです。知的好奇心を満たすだけでなく、自らの力で未来を切り開いていくための〝武器〟としても使える知のかたちを、シリーズとしてまとめていきたいと思います。

2011年9月

星海社新書初代編集長　柿内芳文

SEIKAISHA
SHINSHO